Le contentieux douanier dans les pays de la CEMAC

Marcellin Djeuwo

Le contentieux douanier dans les pays de la CEMAC

Préface de Minette Libom Li Likeng

L'Harmattan

5-7, rue de l'Ecole-Polytechnique, 75005 Paris

http://www.harmattan.fr
diffusion.harmattan@wanadoo.fr
harmattan1@wanadoo.fr

ISBN : 978-2-343-05443-8
EAN : 9782343054438

À

Ma mère, Mme Veuve TCHOUPA

Ma tendre épouse DJEUWO Aline

Mes enfants Yann, Nelly, Naomi, Nancy et Maelys

Tous les jeunes cadres des douanes engagés dans la voie de la recherche, je dédie cet ouvrage.

REMERCIEMENTS

Au moment où cet ouvrage arrive à son terme, j'adresse toute ma gratitude et une profonde reconnaissance :

- au Seigneur Dieu qui m'a donné l'inspiration nécessaire à sa rédaction ;
- à Mme Libom Li Likeng Minette, Directeur général des douanes du Cameroun pour ses encouragements et son soutien ;
- au Pr Anoukaha François qui a accepté avec tant de bienveillance de lire le manuscrit de cet ouvrage et de me prodiguer de précieux conseils ;
- à mes « partenaires du dialogue » (Samson Bilangna, Thomas Cantens, Gaël Raballand, Tchapa Tchouawou, Nestor Demanou, Adolphe Mballa Keumbou, Guy Innocent Diffouo, Andomo Elanga Dominique etc) pour toutes les discussions constructives que nous avons eues autour de multiples questions d'ordre professionnel;
- au personnel de la division du contentieux de la direction générale des douanes (Ken Kome, Siakeu Jacques ...) et Bebene Owoutou Philémon qui m'ont fourni de précieux documents lors de mes recherches.
- aux étudiants de Master en fiscalité appliquée de l'université de Douala et à ceux du commerce international de l'École supérieure de gestion (ESG) de Douala qui m'ont « contraint » à la recherche ;
- à Monsieur Ngueda Gustave pour ses encouragements fraternels ;
- à tous mes amis et collègues (nombreux pour être cités nommément ici) ainsi qu'à ma famille pour tous les moments de partage que nous avons eus.

PRÉFACE

Le commerce illicite occupe une bonne place dans l'économie des pays en développement et est susceptible d'aiguiser des appétits les plus discutables.

Les administrations douanières essaient avec les moyens qui sont les leurs à lui opposer une lutte appropriée. Ce faisant, d'inévitables litiges ne manquent pas de naître. Malheureusement, le droit du contentieux douanier dans la CEMAC[1] n'a pas encore fait l'objet d'un ouvrage complet, susceptible de bien éclairer le douanier autant que les praticiens du droit et les opérateurs économiques en la matière.

Le mérite de cet ouvrage est donc de ce point de vue d'avoir existé.

La douane est une administration assez particulière, sans doute à cause de l'étendue de ses missions, de la diversité de ses modes d'intervention et de la multiplicité de ses règles de fonctionnement (textes nationaux et sous régionaux). Ce caractère complexe du service des douanes marque de ses empreintes indélébiles le droit du contentieux douanier. En d'autres termes, dire que le contentieux douanier est d'appréhension difficile relève de l'évidence. Pourtant, l'ouvrage de Monsieur DJEUWO le saisit dans toute sa profondeur, aussi bien dans son volet pénal que dans sa dimension civile.

L'auteur a su par un subtil dosage entre les textes communautaires, les lois nationales et une jurisprudence bien choisie, expliquer en de termes simples, les difficiles mécanismes du contentieux pénal douanier. Il a ainsi permis de circonscrire la notion d'infraction et d'appréhender la procédure d'investigation, le partage des compétences entre les juridictions, les règles de responsabilité et de poursuites, ainsi que le régime des règlements des conflits et celui des sanctions.

Il a tout aussi explicité avec rigueur et méthode tirées de sa longue expérience d'enseignant et de cadre des douanes, toute la procédure contentieuse civile. L'on peut à partir de là saisir sans trop de difficultés, les contours de l'action en paiement des droits, mais aussi le contenu du contentieux de change.

Les conseillers fiscaux et douaniers, les commissionnaires en douane agréés, les juges et les avocats, les importateurs et toute autre personne intéressée trouveront dans cet ouvrage, un excellent outil de travail, écrit dans une langue simple et soignée.

MME LIBOM LI LIKENG MINETTE

---

[1] Communauté économique et monétaire de l'Afrique centrale.

AVANT-PROPOS

« Acteur essentiel sur le plan économique, notamment en termes d'exécution du budget de l'État, les administrations douanières financent entre 10 et 60 pour cent des budgets nationaux par la perception des recettes fiscales selon le niveau de développement économique des États. Elles assurent le contrôle des opérations commerciales tout en veillant à la fluidité des échanges commerciaux »[2].

Dans cette perspective, les administrations douanières conservent encore dans la plupart des pays de la zone CEMAC, des pouvoirs et des prérogatives très importants compte tenu du niveau[3] de mobilisation des ressources publiques attendues d'elles. Ces pouvoirs et prérogatives, s'ils sont mal utilisés, peuvent sécréter des nuisances pour le développement du commerce international. En plus, la fraude douanière est consubstantielle au commerce international surtout dans le cadre de nos économies dominées par l'informel. Dans un cas comme dans l'autre, d'inévitables litiges naissent quotidiennement. Or, le contentieux douanier dans la CEMAC n'a pas encore fait l'objet d'un ouvrage, susceptible d'aider la douane à combattre efficacement les infractions douanières, ou le monde des affaires à prévenir les litiges avec la douane, ou le cas échéant, à se défendre lorsque survient un conflit ou des abus.

Par ailleurs, les opérateurs économiques, pas tous de mauvaise foi, paient en moyenne trois milliards de francs CFA (environ cinq millions d'euros)[4] aux douanes camerounaises par an au titre des amendes à la suite du contentieux. Le temps mis pour régler ces conflits est en partie responsable de l'allongement du délai de passage des marchandises au port de Douala[5] qui est d'environ 19 jours[6].

---

[2] KUNIO (Mikuriya), avant-propos de *Se regarder dans le miroir*, SSATP, 2009. M. Kunio est le secrétaire général de l'Organisation mondiale des douanes.

[3] Le Cameroun par exemple finance son budget à concurrence de près de 20% par les recettes douanières (LIBOM (Minette), CANTENS (Thomas), BILANGNA (Samson), *Se regarder dans le miroir*, *op cit.*, p. 1).

[4] Source : Direction générale des douanes camerounaises (Division du contentieux)

[5] Le port de Douala est la principale porte d'entrée des pays de la CEMAC. Certains d'entre eux sont des pays sans littoral.

[6] Source : comité national de facilitation du trafic maritime au port de Douala (Comité FAL).

Or, « la réduction des délais portuaires présente un enjeu énorme aussi bien pour l'Administration, l'économie nationale, l'importateur, l'investisseur, que pour le citoyen ordinaire. Dans cette perspective, la diminution des délais aux frontières à travers l'institution des procédures efficaces rend toute sa crédibilité à la douane et améliore son image aux yeux de l'opinion. Par ailleurs, de nombreuses études montrent que la facilitation du commerce international entraîne l'accroissement du volume des échanges et conséquemment, des recettes douanières. Dans un environnement économique compétitif et mondialisé, les investisseurs sont de moins en moins tolérants et se dirigent vers les économies qui offrent des formalités simples, transparentes et prévisibles. La diminution des coûts inutiles crée un avantage comparatif pour un pays ; à titre d'illustration, les industries japonaises se sont donné de véritables avantages comparatifs en développant la technique du « juste à temps » qui permet d'éliminer les surcoûts liés aux stocks tampons. En plus, la perte de temps peut entraîner aussi la perte de l'intérêt pour une marchandise, des pénalités de retard, l'augmentation du coût de l'assurance, les risques de détérioration des marchandises, les coûts de l'immobilisation du capital entraînant de ce fait même, des coûts supplémentaires pour l'entreprise, et renchérit les coûts de la vie pour le citoyen »[7].

Le port de Douala, faut-il le rappeler, est la principale porte d'entrée et de sortie des pays de la zone CEMAC, et particulièrement de deux pays sans littoral que sont la République centrafricaine (RCA) et le Tchad. Ces pays paient parfois un lourd tribut aux retards dans l'acheminement des marchandises en transit.

Par ailleurs, les conseillers fiscaux, d'une manière générale, pourtant très sollicités par les contribuables, les juges et les avocats, n'ont pas en principe dans leur programme de formation de base, des modules dédiés au droit douanier. Ils peuvent par conséquent se trouver désarmés face à un litige impliquant la douane. En plus, les juges pourraient avoir une tendance naturelle à appliquer aux questions douanières, les règles de droit commun[8]. Cet état de choses enlève au droit douanier tout le

[7] LIBOM LI LIKENG (Minette), préface de l'étude sur les délais de passage au port de Douala réalisée en septembre 2011, disponible à la direction générale des douanes du Cameroun.

[8] L'article 248 (2) CD dispose qu'il est expressément défendu aux juges d'excuser le contrevenant sur l'intention. Pourtant, dans certains cas (Jugement N° 007/COR du 02/02/2010 par exemple), le juge a excusé le prévenu en lui accordant le bénéfice des

particularisme qui le caractérise et qui en garantit l'efficacité, fragilisant ainsi l'administration dans la lutte contre la fraude et le commerce illicite. La contrebande et le commerce illicite font perdre à l'Etat, 70 milliards de FCFA (140 millions de dollars) chaque année, tandis que les industries et les producteurs locaux enregistrent des pertes d'environ 185 milliards de FCFA (370 millions de dollars) par an[9]. Cette perte, rapportée à l'échelon sous-régional peut être désastreuse pour notre économie en termes de perte de compétitivité et d'emplois.

Face à un litige avec la douane, l'opérateur économique, conscient de ses limites en matière de droit du contentieux douanier, peut solliciter la « négociation ». L'agent des douanes peut ou non accepter cette entente illicite en fonction de son degré d'intégrité. En plus, certains agents publics peuvent, à l'instar des chasseurs qui attirent leurs proies vers le traquenard pour les piéger, pousser les importateurs naïfs à la faute afin de justifier les sanctions. Dans un cas comme dans l'autre, l'ignorance de l'usager peut devenir la porte ouverte à toutes sortes de déviances.

À cause des négligences de certains douaniers en matière de respect des règles du contentieux douanier (procédure de rédaction du procès-verbal par exemple), les douanes du Cameroun perdent parfois inutilement des procès devant les instances arbitrales (comité d'appel,

circonstances atténuantes, en raison de sa qualité de délinquant primaire. Les notions de circonstances atténuantes ou de délinquant primaire sont des termes inconnus du droit douanier. Dans le même sens, selon la « Réglementation douanière » N° 725, p. 479, dans l'hypothèse où les énonciations d'un PV de saisie ne seraient pas suffisantes pour entraîner l'entière conviction des juges, le doute bénéficierait à la douane et non au prévenu qui se trouverait contraint d'administrer dûment la preuve de non-contravention. Pourtant, dans l'Arrêt N° 19/COR du 11 mars 2013 (Affaire MP et Administration des Douanes contre OMODJOWO IBRAHIM, NCHIA MOHAMMAD ALI), le juge a appliqué le droit commun en relaxant le prévenu accusé de contrebande, pour faits non établis, sur la base de ce « qu'en droit répressif, le doute bénéficie toujours au prévenu ». En plus, comme nous le verrons plus bas, le juge camerounais annule tout le PV dès qu'un de ses aspects fait problème, contrairement à son homologue français qui, de manière constante, épargne les aspects du procès-verbal que l'irrégularité n'a pas totalement entachés. La position du juge camerounais est également en retrait par rapport à la « Réglementation douanière » N° 733, p. 481, selon laquelle « les nullités sont de droit étroit et doivent être restreintes aux cas pour lesquels elles ont été particulièrement établies ; elles ne sauraient réfléchir sur les parties du procès-verbal non contestées » ; en d'autres termes, l'existence d'un cas précis de nullité n'implique pas forcément la nullité de tout le procès-verbal.

[9] cameroon tribune 30 octobre 2014, P. 15

comité d'appui au comité d'appel)[10] ou devant les tribunaux[11]. Ce fait majeur peut handicaper la capacité de la douane à combattre efficacement la fraude et peut, de ce fait même, laisser prospérer le commerce illicite qui fait perdre au Trésor public et à l'économie camerounaise d'importantes ressources. Cette perte rapportée à l'échelle de la sous-région peut être désastreuse pour notre économie en termes de manque de compétitivité et de perte d'emplois.

Il apparaît donc urgent de sortir le contentieux douanier du « maquis » pour le vulgariser, dans la perspective de la réduction des mauvaises pratiques administratives et commerciales, ainsi que du temps et des coûts de passage des marchandises. Le but ultime recherché étant

---

[10] Exemples de Décision du Comité d'Appel : Décision N° 003/CA/2013/01 réglant le litige qui portait sur la fausse déclaration présumée de valeur relevée par le BPD1 dans les procès-verbaux n°s 172 et 173/MINFI/DGD/SDLT/BPDP1 ; décision N° 2007/004/E1 du 07 juin 2007 : Affaire SOTRAMAC contre Administration des Douanes ; N° 2006/011/D2 du 05 juin 2007 : Affaire SOCOMAR contre Administration des Douanes.

[11] Arrêt N° 023/REF du 21 janvier 2013 : SOCIETE AFRICA BUSINESS COMPANY (ABC SARL) C/ Etat du Cameroun (MINFI) : les griefs relevés contre le PV N° 104 du 04 décembre 2009 qui ont conduit à son annulation sont les suivants : la demeure de l'un des saisissants n'est pas indiquée, le PV de saisie ne mentionne pas l'heure de sa clôture, ce qui « laisse clairement apparaître que les agents qui l'ont rédigé ne l'ont pas fait sans divertir à d'autres actes, il ne mentionne pas s'il y a eu description des objets saisis, ni si cette description a été faite en présence du prévenu ou si la sommation lui a été faite d'y assister ; le PV ne comporte aucune mention établissant que les agents verbalisateurs ont offert au prévenu la mainlevée des moyens de transport sous caution solvable ou sous consignation de la valeur », etc. Dans l'Affaire NDAWARA TEA ESTATE LTD contre EKPA (Administration des douanes), objet du jugement N° CFIBA/35/2011 du TPI de BAMENDA, il est reproché à l'agent des douanes d'avoir saisi un camion contenant des feuilles de tabac fraîches destinées à la transformation dans les usines du plaignant. L'agent n'a pas pris soin de dresser un PV constatant sa saisie. Le prévenu a été condamné au paiement des dommages-intérêts. Dans l'Affaire « La BUSINESS LINK INTERNATIONAL » contre le ministère des Finances (Jugement N° 05/CE/CIVIPI du 05 juin 2009), le PV de douane a été annulé, motif pris de ce qu'il y avait des contradictions manifestes entre les mentions du PV et celles de l'inventaire dressé par la douane. En plus, le PV ne mentionne ni le jour ni le lieu de sa rédaction, de même que le PV ne mentionne pas qu'il a été offert mainlevée des moyens de transport sous caution suffisante. Dans l'Affaire SOCIETE YAYA SARL contre ministère des Finances (Ordonnance N° 02/ORD du 28/02/2013), le PV a été annulé parce qu'il est reproché « aux rédacteurs dudit procès-verbal de l'avoir antidaté, de l'avoir truffé, dans ses versions manuscrite et imprimée, de nombreuses contradictions et de n'y avoir pas fait mention de l'offre de la mainlevée du moyen de transport des marchandises saisies sous caution solvable ou sous consignation de valeur ».

l'assainissement de l'environnement des affaires et l'attrait des investissements nouveaux dans la CEMAC.

Telles sont, très modestement, les préoccupations de l'auteur au moment de la rédaction du présent ouvrage qui doit être considéré comme une toute petite contribution à l'avancement de la science.

L'AUTEUR

LISTE DES ABRÉVIATIONS

Art : Article
ATD : Avis à tiers détenteur
BEAC : Banque des États de l'Afrique centrale
CD : Code des douanes
CEMAC : Communauté économique et monétaire de l'Afrique centrale
C.Civ : Code civil
CPP : Code de procédure pénale
FOB : Free On Board
MINFI : Ministère des finances
OHADA : Organisation pour l'harmonisation en Afrique du droit des affaires
OMD : Organisation mondiale des douanes
OMC : Organisation mondiale du commerce
PV : Procès-verbal
TEC : Tarif extérieur commun
TVA : Taxe sur la valeur ajoutée
UEAC : Union économique de l'Afrique centrale

INTRODUCTION GÉNÉRALE

L'administration douanière est au confluent des intérêts divers lors du transit international des marchandises. En plus, la procédure de dédouanement fait intervenir une multitude d'acteurs qui agissent chacun en fonction de ses propres préoccupations du moment ou de ses calculs futurs. Ainsi, d'inévitables litiges ne manquent pas de naître et peuvent donner lieu à des contentieux impliquant la douane. Ces conflits sont forcément résolus suivant des procédures et des formes établies afin d'une part, de permettre à l'administration douanière d'assurer ses missions régaliennes que sont la collecte des recettes budgétaires et la protection de l'espace économique national et du citoyen, et d'autre part, de garantir un environnement propice au déploiement du commerce licite.

Il semble important de fixer les contours du contentieux douanier pour mieux le scruter, afin d'en dégager la substantifique moelle et les spécificités (I). Par ailleurs, cette forme du contentieux repose sur certains principes à élucider (II), autant qu'elle s'abreuve à des sources qu'il convient d'explorer (III).

I- Définition du contentieux douanier

Bile Abia [12] définit le contentieux douanier comme l'ensemble des règles relatives à la naissance, au déroulement et la conclusion des litiges ayant pour objet, l'interprétation et l'application du droit douanier.

Il suit en cela Berr et Tremeau[13], pour qui le contentieux douanier désigne l'ensemble des règles relatives à la naissance, au déroulement et à la conclusion des litiges ayant pour objet l'interprétation et l'application du droit douanier.

La « Réglementation douanière »[14] quant à elle pense que le contentieux douanier est un ensemble de contestations susceptibles de

---

[12] BILE (A. V.), *Le contentieux douanier et les pratiques de l'administration des douanes ivoiriennes*. http ://bit.ly/am9qBf.

[13] BERR (C. J.) et TREMEAU (H), *Droit douanier communautaire et national*, Economica, 5e édition, p. 388.

[14] Réglementation douanière CEMAC, édition 2007, p. 428.

donner lieu à un débat contradictoire devant les tribunaux à l'occasion du fonctionnement du service des douanes.

SOULARD[15] envisage le contentieux douanier à la fois dans son volet pénal (infraction, sanctions, règle de responsabilité et de poursuite) et dans son volet civil (action en paiement des droits, action en réparation du préjudice causé par l'action de l'administration des douanes).

Ces définitions qui ont l'avantage de la concision ne donnent pas une idée non équivoque de la question. En effet, elles ne permettent pas à première vue d'écarter du champ du contentieux douanier, toutes les affaires dans lesquelles l'administration des douanes peut se retrouver sans qu'il soit question d'application d'une disposition douanière. C'est pour cela qu'il leur est préférable la définition du *Petit lexique du contentieux douanier*[16] (guide des voies de recours et de conciliation) qui semble plus concrète. Le contentieux dans ce cas est tout ce qui donne ou qui peut donner lieu à débat, à procès. Ce mot peut désigner en matière douanière deux situations précises :

- la réglementation répressive douanière et
- le contentieux en recouvrement des droits et taxes.

Sur la base de ce qui précède, le contentieux douanier peut prendre deux formes :

- le contentieux douanier pénal constitué par les actions en répression des infractions à la législation douanière et
- le contentieux civil né de la perception des droits et taxes de douane.

Le contentieux douanier englobe à cet égard, tous les litiges nés à l'occasion ou au cours du fonctionnement du service des douanes et dont la résolution est soumise aux règles et procédures spécialement aménagées par le droit douanier. Ces litiges ne donnent pas forcément lieu à procès du fait de l'existence de passerelles menant au règlement non juridictionnel des affaires douanières.

D'autres contentieux impliquant l'administration des douanes existent mais ne rentrent pas dans la stricte catégorie du contentieux douanier[17]

[15] SOULARD (C), *Guide pratique du contentieux douanier*, LITEC, 2008 ; p. XIV.
[16] http ://www.douane.gouv.fr/page.asp ?id=213
[17] Réglementation douanière, *op cit.*, p.428.

parce qu'ils sont réglés par des textes particuliers ou parce qu'ils ne sont qu'incidemment résolus par la loi douanière. On peut citer à cet égard :

- les affaires impliquant plusieurs administrations fiscales ou financières et qui sont réglées suivant la réglementation douanière si c'est explicitement prescrit par la loi ;

- les contestations se rapportant à la réglementation des changes au cours desquelles la douane agit en vertu des pouvoirs qui lui sont délégués par le ministre en charge des finances, conformément aux différents textes en vigueur, notamment le règlement 02/00/CEMAC/UMAC/CM du 29 avril 2002 portant harmonisation de la réglementation des changes dans les États membres de la CEMAC. Cette forme de contentieux sera évoquée dans le cadre de ce travail simplement à cause de l'évolution des pouvoirs de la douane qui prend de plus en plus en compte les questions relatives aux transactions financières internationales ;

- les actions en réparation des dommages causés par les agents des douanes aux tiers ou au contraire, des actions intentées par la douane pour des dommages que les tiers lui auraient fait subir ;

- toute autre contestation où la douane agit comme personne morale quelconque ou est mise en cause comme toute autre administration.

Le contentieux douanier s'appuie sur certains principes simples qui lui confèrent toute son efficacité et tout son particularisme.

II- Caractères du contentieux douanier

La loi douanière est dite de droit étroit (A). Elle s'applique « erga omnes » (B) et met en œuvre un droit particulier marqué par la volonté du législateur de régler rapidement les litiges (C).

A- Le caractère étroit du droit douanier

Le contentieux douanier découle du droit douanier général qui est, comme les autres branches du droit fiscal et pour les mêmes raisons, de droit étroit ; ce qui signifie qu'il doit être interprété de manière stricte. Il n'est donc pas permis comme en droit commun (droit civil par exemple) d'étendre, sous prétexte d'analogie, l'application des termes de la loi douanière concernant un cas explicitement visé par elle, à un cas non spécialement prévu par cette loi. Il en découle deux conséquences :

-le droit douanier est un droit spécial exorbitant du droit commun. Ainsi, en cas de conflit entre la loi douanière et le droit commun, c'est la loi douanière qui l'emporte ;

- les dispositions du droit commun s'appliquent en cas de silence de la loi douanière. À cet effet, le contentieux douanier répressif se rattache au contentieux pénal et lui emprunte toutes ses dispositions pour combler les vides laissés volontairement ou involontairement par le législateur douanier.

Le droit douanier et par suite les règles du contentieux douanier tirent toute leur force de ce qu'ils s'appliquent sans égard à la qualité des personnes en cause.

B- L'universalité du droit et du contentieux douanier

Aux termes de l'article 2 du code des douanes (CD), les lois et règlements douaniers sont d'une application générale, c'est-à-dire qu'ils s'appliquent à toute personne, sans égard à sa qualité ; en conséquence, toutes les importations - y compris celles des États - ne bénéficient des dérogations ou des immunités que dans les cas limitativement énumérés de l'article 276 à 281 CD.

La loi douanière (texte de portée sous régionale) s'applique de manière uniforme à l'ensemble de la zone CEMAC y compris les eaux territoriales des États membres ; la CEMAC étant du point de vue douanier considérée comme un seul et même territoire. Le territoire douanier de la CEMAC, faut-il le rappeler, comprend : le Cameroun, la R.C.A, le Congo, le Gabon, le Tchad et la Guinée équatoriale.

Le contentieux douanier est par principe complexe, coûteux et représente un risque important pour les entreprises. L'impact d'un contentieux douanier pour une entreprise peut être catastrophique et l'amener à sa perte. C'est donc tout naturellement que le législateur a voulu que les litiges douaniers se règlent avec une diligence particulière.

C- La volonté de régler rapidement les litiges

La procédure contentieuse douanière est marquée par la volonté du législateur de régler les litiges de manière simple, rapide et peu coûteuse. En effet, en première instance et sur appel, l'instruction est verbale, sur simple mémoire et sans frais de justice (art. 346 CD). Ce texte a pour effet de dispenser les procès de douane du ministère des avoués. L'une et l'autre des parties peuvent juste se borner à remettre aux juges un mémoire renfermant les arguments qu'elles veulent faire valoir, puis au cours de l'audience à présenter les mêmes observations orales.

La seconde mesure inspirée par le même souci de rapidité, de simplicité et d'économie a été d'habiliter les agents des douanes à faire tout exploit et autres actes de justice à la place des huissiers (347 CD).

En plus, les tribunaux judiciaires (juge d'instance) ont compétence générale (compétence ratione loci et materiae) en matière de procès de douane (art. 334-337 CD).

Le recours à la transaction permet de clore administrativement les différends douaniers avant ou après jugement définitif. Selon certaines sources, 98%[18] des litiges sont réglés par cette voie au Cameroun. Il s'agit là, dans un environnement où les statistiques sont très peu tenues, d'une thèse maximaliste. Mais elle traduit le fait que les prétoires ne sont pas très sollicités en cas de litiges douaniers.

Par ailleurs, les sources du droit douanier sont nombreuses et variées.

III- Les sources du droit douanier

Les sources sont le code et le tarif des douanes (A), les textes internationaux et nationaux (B), la jurisprudence et la doctrine (C).

A- Le code et le tarif des douanes

Le code (1) comme le tarif des douanes (2) sont de loin les premières sources du contentieux douanier.

1- Le code des douanes

Le code des douanes regroupe l'essentiel des normes relatives à la douane. Il est le socle de toute la réglementation douanière et est appliqué uniformément sur l'étendue du territoire douanier. Ce texte qui a fait l'objet de l'acte n° 8/65-UDEAC-37 du 14 décembre 1965 a plusieurs fois été révisé et existe dans sa forme actuelle suivant le règlement n° 05/01-UEAC-097-CM-06 du 3 août 2001.

Il comporte 426 articles complétés par de nombreuses annexes. Il est complété par le tarif des douanes.

---

[18]http ://sowetrans.com/index.php ?option=com_content&view=article&id=46&Itemid=53&lang=fr

2- Le tarif des douanes

Il s'agit essentiellement du tarif des douanes-import CEMAC[19] ; il est arrivé une fois que le Cameroun développe, au mépris des textes communautaires, un tarif national. En effet, le tarif des douanes fixe, sur la base du « système harmonisé » édicté par l'Organisation mondiale des douanes, les règles de désignation et de codification des marchandises importées dans la sous-région.

Le tarif des douanes uniformise aussi les règles d'application des droits de douane (tarif extérieur commun), quel que soit le point d'entrée de la marchandise sur le territoire douanier communautaire. En rappel et sur la base de ce qui précède, le tarif des douanes CEMAC a prévu 4 catégories de marchandises et précise pour chacune d'elles, les règles de classement et le taux des droits de douane applicables suivant le tableau ci-après :

Catégorie	Taux droits de douane
I- Biens de première nécessité	5%
II- Les matières premières et les biens d'équipement	10%
III- Biens intermédiaires	20%
IV- Biens de consommation courante	30%

Les vides laissés par le code et le tarif des douanes CEMAC sont à maints égards comblés par une panoplie de textes nationaux et internationaux.

B- Les textes nationaux et internationaux

En tant qu'organisation, la CEMAC est régie par des textes internationaux (1). De même, l'activité douanière est réglementée au plan interne de chaque pays par un corps de règles émanant des autorités nationales (2).

1- Les textes internationaux

Il s'agit ici de tous les instruments juridiques internationaux ayant des incidences directes ou indirectes sur l'activité douanière. Ce sont des traités ou accords internationaux ratifiés par la CEMAC ou par les États de la CEMAC pris individuellement. Quelques exemples emblématiques

[19] Communauté économique et monétaire de l'Afrique centrale.

en la matière sont : l'accord sur la mise en œuvre de l'Article VII du GATT qui traite de l'évaluation des marchandises importées. Les Accords de Marrakech instituant l'Organisation mondiale du commerce (OMC), la convention de Washington sur la protection des espèces menacées d'extinction, la convention de Kyoto révisée, etc.

Il s'agit aussi des actes de la CEMAC[20] : ces actes émanent des divers organes de l'institution : la conférence des chefs d'État, le conseil des ministres de l'UEAC, le président de la commission de la CEMAC, etc.

L'activité douanière est réglementée au niveau de chaque État par des textes nationaux.

2- Les textes nationaux[21]

L'activité douanière est réglementée au plan interne de chaque pays par les autorités nationales. Au sommet de cette production normative interne se trouve tout naturellement la Constitution. En plus, la loi de finances donne chaque année une orientation précise du déploiement du travail douanier. Par ailleurs, divers autres textes nationaux (lois, décrets, arrêtés…) règlent au quotidien l'organisation et le fonctionnement du service des douanes.

En cas de silence des textes nationaux ou de conflit, le juge est généralement sollicité et sa décision est source du contentieux douanier.

C- La jurisprudence et la doctrine

La jurisprudence est une source sûre du contentieux douanier (1). La doctrine l'inspire (2).

1- La jurisprudence

Comprise comme l'ensemble des décisions de justice revêtues de l'autorité de la chose jugée, la jurisprudence est une source du droit douanier. Cependant, dans la sous-région CEMAC, les litiges douaniers ne trouvent pas, comme on l'a vu plus haut, assez souvent leur chute devant les tribunaux, parce qu'une partie non négligeable du contentieux douanier est réglée par la voie amiable. En plus, les hésitations possibles

---

20 Règlement N° 02/00/CEMAC/UMAC/CM du 29 avril 2000 portant harmonisation de la réglementation des changes dans les États membres de la CEMAC par exemple.

21 Loi N° 2003/017 du 22 décembre 2003 portant loi de finances 2004 par exemple ; d'ailleurs, la plupart des lois de finances comportent des dispositions douanières.

des juges pour la plupart non formés à la réglementation douanière peuvent décourager aussi bien l'administration que le contribuable à solliciter le prétoire. Soulard[22] ne disait-il pas déjà que le contentieux douanier est très mal connu des magistrats, pratiqué par un nombre fort restreint d'avocats, peu traité par la doctrine et rarement enseigné à l'université ?

2- La doctrine

La doctrine est l'ensemble des avis émis par les penseurs du droit[23]. Ses éclairages guident la position du juge autant qu'elle contribue à clarifier la loi. La doctrine douanière (les avis de classement des marchandises, avis sur l'évaluation en douane émis par l'Organisation mondiale des douanes (OMD). par exemple), sans avoir une force obligatoire[24], constitue un indice contribuant à l'interprétation et à l'application de la loi douanière.

Le contentieux douanier découle d'un droit assez particulier qui s'applique à une matière assez mal connue du grand public. Il se décline en contentieux répressif dont la base est l'infraction (Titre I) et en contentieux de recouvrement et de change (Titre III). Il nous semble avant tout important d'insister sur les suites à donner aux litiges douaniers (titre II).

---

[22] SOULARD (Christophe), *Guide pratique du contentieux douanier, op cit.*, p. XIII.

[23] Avis 1.1 du Comité technique d'évaluation en douane qui établit à titre indicatif une liste des situations dans lesquelles les marchandises importées sont réputées n'avoir pas fait l'objet de vente, cité par NEGOU in *Valeur en douane à l'importation en zone CEMAC*, Yaoundé, imprimerie Saint Paul, 17/02/2007.

[24] Dans l'Affaire C-206/03, Commissioners of Customs & Excise contre SmithKline Beecham plc du 19 janvier 2005, la Cour européenne de justice a estimé que les avis de classement délivrés dans le cadre de l'OMD ne lient pas les parties contractantes, mais constituent des éléments importants d'interprétation. Ils doivent être écartés, si leur interprétation apparaît inconciliable avec les termes de la position de la nomenclature combinée en question ou s'ils excèdent manifestement le pouvoir d'appréciation consenti à l'OMD. *eur-lex.europa.eu/LexUriServ/LexUriServ.do ?uri=CELEX.*
De même, les notes explicatives élaborées dans le cadre de l'OMD contribuent de façon importante à l'interprétation de la portée des différentes positions douanières sans toutefois avoir force obligatoire de droit (arrêts du 6 novembre 1997, LTM, C-201/96, Rec. p. I-6147, point 17 ; du 12 mars 1998, Laboratoires Sarget, C-270/96, Rec. p. I-1121, point 16).

TITRE I

L'infraction douanière : base du contentieux douanier répressif

Le contentieux douanier répressif est l'ensemble des règles juridiques qui régissent la recherche, la constatation et la répression des infractions douanières. On entend par infraction douanière, tout acte ou abstention qui viole les lois et règlements lorsque ceux-ci ont été pris en vertu d'une délégation exprimée par la loi et qui est frappé d'une peine par le code des douanes[25]. Il existe plusieurs classes d'infractions douanières. La classification des infractions est d'autant plus nécessaire qu'elle permet d'en situer la gravité, afin de leur opposer la répression la plus appropriée.

Sur la base de ce qui précède et pour bien fixer le contexte de ce travail, il nous semble particulièrement utile de circonscrire la notion de l'infraction douanière (chapitre I). De même, la fraude douanière ne peut efficacement être combattue que si elle est constatée suivant les formes et les procédures instituées (chapitre II). En effet, pour la recherche des infractions, les agents des douanes mettent en œuvre un ensemble de pouvoirs et de prérogatives qui sont une marque des spécificités de l'organisation et du fonctionnement de l'administration douanière.

---

[25] « Réglementation douanière », *op. cit.*, p.431.

Chapitre I

La notion de l'infraction douanière

La notion de l'infraction douanière est strictement interprétée (Section I) et peut s'apparenter par moments à la limitation des droits des tiers. Sa classification relève d'un corpus juridique plus ou moins homogène. La classification des infractions douanières (Section II) permet d'appliquer des sanctions graduées en fonction de la gravité de l'offense faite au corps social.

Section I. Définition de l'infraction douanière

L'infraction douanière est un acte ou abstention qui porte atteinte à la législation douanière et qui est frappé d'une peine prévue par le code des douanes. Il s'ensuit que l'infraction douanière n'a que deux (02) éléments : l'élément matériel et l'élément légal (Paragraphe). En d'autres termes, l'infraction douanière ne comporte pas d'élément moral (Paragraphe II), sauf dans des cas très limitativement prévus par le code des douanes.

Paragraphe I. Les deux éléments constitutifs de l'infraction douanière

L'infraction douanière ne comporte que deux éléments : l'élément matériel (B) et l'élément légal (A). Elle ne contient pas comme en droit pénal général, d'élément moral. L'abstraction de ce troisième élément peut se justifier par des circonstances de droit et de fait.

A- L'élément légal

Un fait quelconque ne peut être qualifié d'infraction douanière que s'il remplit les deux conditions ci-après :

- il doit exister un texte qui édicte une interdiction ou une obligation que ce fait a outrepassée ;

- il doit également exister une disposition du code des douanes qui réprime cette violation de la loi.

La condition nécessaire et suffisante de l'existence de l'élément légal est donc que l'infraction soit prévue et réprimée à la date de la consommation du fait litigieux, sans qu'il y ait lieu de rechercher si par la suite, ces dispositions légales ont été ou non modifiées ou abrogées. Peu importe donc que le prévenu ait eu une intention coupable ou non. Il suffit seulement qu'il ait agi ou qu'il se soit abstenu d'agir enfreignant par là une disposition de la réglementation douanière, et que son agissement soit punissable par la loi.

Dans cette perspective, l'article 348 CD défend expressément aux juges d'excuser le contrevenant sur l'intention. Ils doivent donc déclarer coupables les prévenus, même ci ceux-ci administrent la preuve de leur bonne foi ou de leur ignorance de la fraude ou bien encore, ce qui revient au même, si les agents ayant constaté la fraude n'apportent pas la preuve que les prévenus ont agi intentionnellement. Dans ce sens, ni l'erreur de droit, ni l'erreur de fait, ni l'ignorance n'enlèvent à ces infractions leur caractère délictueux.

La connaissance coupable ne devient la condition de l'existence de l'infraction que dans des cas très limitativement prévus par le code des douanes : l'article 387 (2) CD par exemple considère l'intéressé à la fraude comme une personne ayant *sciemment*, soit couvert les agissements des fraudeurs ou tenté de leur procurer l'impunité, soit acheté ou détenu, même en dehors du rayon, des marchandises provenant d'un délit de contrebande ou d'importation sans déclaration. Ici donc, l'intention coupable du prévenu doit exister pour faire de lui un délinquant. Ainsi, un individu qui a, sans volonté de nuire, apporter protection à un fraudeur ne peut être coupable de l'intérêt à la fraude.

Le second pôle de l'infraction douanière est l'élément matériel.

B- L'élément matériel

Hormis les cas où l'infraction est caractérisée par une abstention de poser un acte exigé par la loi, l'élément matériel est généralement manifesté par un agissement extérieur. Par exemple : transport en contrebande, débarquement frauduleux, refus du capitaine de recevoir les agents des douanes à bord de son navire, etc. L'élément matériel en droit douanier est toujours presque exactement défini. Il est rare que la loi reste volontairement imprécise de manière à pouvoir étendre la répression à des faits imprévisibles.

« Quatre facteurs peuvent caractériser l'élément matériel :

- Un acte positif ou négatif clairement défini (inexécution d'un engagement souscrit par exemple).

- Une circonstance qui vicie cet acte (écoulement d'un laps de temps au-delà du délai prescrit).

- Un objet déterminé qui est le plus souvent une marchandise auquel s'applique l'acte.

- Une condition de lieu, car il est rare, voire impossible que l'acte n'ait pas été commis à un point précis du territoire douanier »[26].

Ces quatre conditions peuvent être nécessaires pour qu'il y ait infraction. Elles ne sont cependant pas suffisantes pour la détermination de la classe à laquelle appartient l'infraction. Un facteur accessoire supplémentaire est souvent sollicité. Ce facteur peut découler des moyens utilisés ou du nombre de personnes ayant perpétré l'acte incriminé. L'intervention de leur volonté n'est toutefois pas exigée pour fixer le palier de la répression.

Paragraphe II. L'absence de l'élément moral dans la définition de l'infraction

L'article 348 (2), faut-il le rappeler, dispose qu'il est expressément défendu au juge d'excuser le contrevenant sur l'intention. Une telle disposition peut sembler sévère et s'apparenter à la limitation des droits du prévenu (B). Cette dérogation du droit pénal douanier peut pourtant s'appuyer sur des motivations compréhensibles (A).

A- Tentative de justification de l'absence de l'élément moral

La fraude fiscale de manière générale ne choque que modérément l'opinion publique. Celle-ci est bienveillante avec le fraudeur qui, dans le contexte des pays en développement, est considéré comme un débrouillard. Dans le même sens, la fraude douanière, parce qu'elle n'est pas assimilable à un vol, à une appropriation privée des fonds publics, est donc facilement tolérée et le coupable simplement pardonné. Ainsi, l'agent des douanes trouve rarement appui auprès du citoyen ordinaire dans la recherche de la fraude comme l'aurait fait l'agent de police ou de gendarmerie dans la recherche d'un malfaiteur ordinaire. Le citoyen

[26] NGONGO (Jacques Roger), cours (inédit) du contentieux douanier, ENAM, 93-95.

trouve à cet égard l'infraction douanière moins grave que le délit de droit commun et tend plutôt à accorder protection aux délinquants fiscaux.

Par ailleurs, la fraude douanière est fugace et la preuve de l'irrégularité est parfois fastidieuse, voire impossible. « Les organisateurs de la fraude sont souvent domiciliés à l'étranger où ils restent pratiquement hors de portée des mesures répressives qui leur seraient appliquées s'ils étaient [dans un État de la CEMAC]. Les auteurs se servent souvent d'intermédiaires, de bonne ou de mauvaise foi, sur lesquels il convient d'avoir également prise à l'effet d'atteindre directement ou indirectement sans doute, mais d'atteindre tout de même les véritables bénéficiaires de la fraude. L'expérience montre en effet que les amendes infligées à ces intermédiaires membres des entreprises de fraude sont en fait souvent réglées par les organisateurs eux-mêmes qui ne peuvent, sauf à être eux-mêmes dénoncés, se désintéresser du sort de leurs comparses. Le contentieux répressif douanier tire ainsi ses caractéristiques des règles particulières qui ont été instituées en vue de prévenir l'impunité, l'indulgence ou la complaisance, dont les fraudeurs ne manqueraient pas de bénéficier s'ils étaient soumis aux règles applicables aux délinquants de droit commun »[27].

L'absence de l'élément intentionnel dans la détermination de l'infraction douanière, si clairement affirmée par les textes, se matérialise par des actes concrets.

B- Manifestation de l'absence de l'élément moral

En droit commun, un fait n'est punissable que s'il résulte d'un acte volontaire et intentionnel. Pour qu'un acte volontaire soit intentionnel, il faut que son auteur ait dirigé sa volonté vers un certain résultat, c'est-à dire du point de vue pénal, qu'il ait eu conscience d'accomplir un acte illicite. Intention et connaissance coupable sont, de ce point de vue synonymes.

En matière douanière, le contrevenant ne peut être excusé sur l'intention. L'élément intentionnel est en fait réduit au seul facteur volonté. Ce facteur absolument indispensable étant présumé exister, c'est au prévenu d'apporter la preuve qu'au moment de l'infraction, sa volonté était absente ou paralysée. Le prévenu peut donc être exonéré de sa peine s'il apporte la preuve qu'il a été victime d'un cas de force majeure, de

---

[27] Guide du contentieux douanier, inédit, p. 8.

troubles psychiques, de l'état de nécessité, de l'erreur invincible ou s'il est mineur. Ni l'erreur de fait, ni l'erreur de droit, ni l'ignorance ne peuvent enlever à l'infraction son caractère délictueux.

Les infractions douanières doivent être classifiées afin de permettre à l'agent verbalisateur ou au juge d'appliquer des sanctions proportionnellement à la gravité de l'offense faite à la communauté nationale.

Section II. Classification des infractions douanières

Le Code pénal camerounais (article 21) classe les infractions en crimes, en délits et en contraventions selon les peines principales qui les sanctionnent. Les infractions douanières peuvent être classées suivant leur qualification légale, la compétence des tribunaux ou la nature de la constatation[28]. D'après le *Petit lexique des termes douaniers*[29], il existe deux types d'infractions prévues et réprimées par le code des douanes : la contravention (Paragraphe II) et le délit (Paragraphe II) ; en d'autres termes, il n'y a pas de crime en matière douanière. Il suit en cela le code des douanes en son article 395 qui semble classer les infractions en délits et en contraventions. L'un et l'autre comportent plusieurs classes graduées en fonction de la gravité de l'infraction, de manière à en assurer une sanction adéquate. Par-delà la classification et la qualification des fautes, un même auteur peut successivement ou simultanément commettre plusieurs infractions pénales : on parlera de concours d'infractions (Paragraphe III).

Paragraphe I. Les délits

L'Article 21 (1, b) du Code pénal camerounais qualifie de délits, les infractions punies d'une peine privative de liberté ou d'une amende lorsque la peine privative de liberté encourue est supérieure à dix jours et n'excède pas dix ans ou que le maximum de l'amende est supérieur à 25000FCFA. Le Code pénal part du type et du niveau de la sanction encourue pour déterminer le délit. Il ne définit pas la notion. Le code des douanes semble plus précis. En effet, il semble ressortir de l'article 403 et suivant du code des douanes qu'une infraction est considérée comme un délit si la loi a qualifié le fait incriminé d'acte de contrebande ou d'importation et d'exportation sans déclaration d'une part (A) et si la

[28] « Réglementation douanière », *op cit.*, p.432.
[29] *Petit lexique du contentieux douanier*, *op cit.*, p.7.

marchandise litigieuse est prohibée ou fortement taxée à l'importation ou si elle est simplement taxée à l'exportation d'autre part (B). En l'absence de ces deux conditions cumulées qui seront analysées ci-après, l'infraction restera une contravention prévue et réprimée par l'article 401 CD. En plus, les actes de contrebande commis dans d'autres circonstances particulières, ainsi que la contrefaçon, sont considérés comme des délits.

Par ailleurs, pour mieux réprimer certaines catégories d'infractions, la loi les a assimilées aux délits (C).

A- La loi qualifie l'infraction concernée de contrebande ou d'importation et d'exportation sans déclaration…

Les notions de contrebande (1) ainsi que d'importation et d'exportation sans déclaration (2) seront étudiées tour à tour pour mieux en comprendre les spécificités.

1- Le délit de contrebande

L'article 406 CD définit la contrebande comme une importation ou exportation en dehors des bureaux des douanes, ainsi que toute violation des dispositions légales ou réglementaires relatives à la détention et au transport des marchandises à l'intérieur du territoire douanier. Le seul fait que la marchandise ait franchi la frontière du territoire douanier à l'import comme à l'export suffit pour parler de contrebande. Point n'est donc absolument besoin qu'une telle marchandise soit stockée ou mise à la consommation dans le territoire. En plus, en vertu du principe selon lequel toute tentative de délit est considérée comme le délit lui-même (art. 396 CD), toute tentative d'importation ou d'exportation en dehors des bureaux des douanes peut être considérée comme un début d'exécution du fait délictueux et sanctionnée comme tel.

« Les tribunaux admettent généralement que, constituent des actes de commencement d'exécution, ceux qui manifestent l'engagement irrévocable de leurs auteurs dans la voie de la réalisation de l'infraction. Cette manifestation résultera le plus souvent des circonstances objectives dans lesquelles le prévenu a été appréhendé. Ainsi, le voyageur porteur de marchandises prohibées à l'importation qui prend place dans un wagon à la gare précédant la frontière, dévoile de façon indubitable qu'il n'entend pas revenir sur sa détermination. Il en est de même d'un individu qui, en dépit de ses dénégations, avait fait traverser la ligne frontière à des animaux et leur avait fait rebrousser chemin, alors que, de toute manière, les animaux en question se trouvaient hors de la route légale et qu'il n'était pas possible en conséquence d'admettre que le prévenu ait jamais eu l'intention de les présenter à un bureau des douanes »[30].

Le prévenu ne peut être excusé que s'il a volontairement et sans pression extérieure, interrompu l'exécution de l'infraction. Ainsi, le prévenu qui a tenté d'exporter des marchandises en contrebande et qui par suite, a rebroussé chemin par crainte d'être surpris, craintes liées aux circonstances qui lui sont extérieures telles que les bruits des voix, la sommation de s'arrêter, n'est pas réputé avoir interrompu volontairement la commission de l'infraction. On conclura que le désistement, bien que d'apparence volontaire, n'a pas été spontané. « La tentative de la commission de l'infraction doit être distinguée des actes échoués. Dans ce deuxième cas, l'infraction, de manière fortuite n'a pas produit l'effet attendu par son auteur, alors même que celui-ci avait achevé l'accomplissement des actes matériels nécessaires. À cet effet, soit l'infracteur a manqué son but, soit l'infraction était simplement impossible. Dans un cas comme dans l'autre, le prévenu a maintenu sa volonté criminelle jusqu'au bout »[31].

Il n'y a délit que si la loi a qualifié le fait incriminé d'acte de contrebande ou d'importation et d'exportation sans déclaration, et si par ailleurs, la marchandise litigieuse est prohibée ou fortement taxée à l'importation ou si elle est simplement taxée à l'exportation.

2- Le délit d'importation ou d'exportation sans déclaration

Aux termes de l'article 110 CD, toutes les marchandises importées ou exportées doivent faire l'objet d'une déclaration en détail ; peu importe si ces marchandises sont susceptibles d'être taxées ou si elles sont exemptes des droits et taxes. La violation de cette obligation constitue une importation ou une exportation sans déclaration. En d'autres termes, une importation ou une exportation par les bureaux de douane sans déclaration en détail ou sous le couvert d'une déclaration en détail incomplète ou non applicable aux marchandises présentées, ainsi que toute substitution ou soustraction des marchandises sous douane constituent une importation sans déclaration (article 409 CD). Pour que

---

[30] Pau, 16 février 1965, cité par BERR (JC) et TREMEAU (H), *Le droit douanier*, *op cit.*, p. 426.
[31] NGONGO (Jean Roger), *op cit.*

cette infraction soit qualifiée de délit, il faut que les marchandises soient prohibées ou fortement taxées ou soumises à une taxe de consommation à l'entrée ou alors simplement taxées à l'exportation.

B- ...*et* la marchandise est prohibée ou fortement taxée ou soumise à une taxe de consommation à l'importation ou simplement taxée à l'exportation

Une marchandise fortement taxée est celle qui répond à la définition donnée par l'article 6 CD, c'est-à-dire celle qui supporte une taxation globale supérieure ou égale à 25% de la valeur imposable. La taxation dont il s'agit ici comprend les droits de douane certes, mais aussi toute taxe quelconque que l'administration des douanes est chargée d'appliquer. (TEC, TVA, droits d'accises, centimes additionnels, taxes communautaires d'intégration, redevance informatique, prélèvement OHADA...). Des obligations particulières sont imposées aux marchandises dites « fortement taxées » qui, par ailleurs, sont traitées, du point de vue du contentieux douanier, aux marchandises prohibées.

Par ailleurs, sont prohibées aux termes de l'article 51 CD, les marchandises dont l'importation ou l'exportation est interdite à quelque titre que ce soit ou soumises à des restrictions, à des règles de qualité ou de conditionnement ou à des formalités particulières. Les marchandises sont aussi prohibées lorsque l'importation ou l'exportation n'est permise que sur présentation d'un titre (déclaration d'importation, certificat...) ou soumise à des formalités particulières (visas administratifs préalables à l'importation ou à l'exportation par exemple) ou encore à une procédure spéciale ou autres formalités en vue du contrôle du commerce extérieur et de change.

Des prohibitions particulières résultent des articles du code des douanes concernant des marchandises en entrepôt, en admission temporaire ou en transit. Par exemple, sont exclus du transit à titre absolu, les contrefaçons en librairie ainsi que les produits portant, soit sur eux-mêmes ou sur les emballages, caisses, ballots, enveloppes, bandes ou étiquettes, des marques de nature à faire croire qu'ils ont été fabriqués ou qu'ils sont originaires d'un État de la CEMAC ou d'un État avec lequel a été signé un accord en l'objet (art. 157 CD). Sont également exclus du régime d'importation temporaire les produits prohibés à l'importation (art.172 CD). L'article 178 CD indique que sont prohibés à l'entrée ou exclus de l'entrepôt, tous produits étrangers qui contreviennent aux lois sur la répression des fraudes et aux textes pris en vertu de ces lois, les produits de contrefaçon…

Sur un autre plan, la CEMAC a laissé le soin aux États membres de décider souverainement de l'opportunité de taxer ou non leurs exportations. Au Cameroun, l'exportation du bois et les débris de fer par exemple, donnent lieu à perception des droits de sortie.

En tout état de cause, une infraction n'est qualifiée de délit que si elle résulte d'un acte de contrebande ou d'importation ou d'exportation sans déclaration, et si au surplus, la marchandise à laquelle s'applique cette infraction est prohibée ou fortement taxée à l'importation ou simplement taxée à l'exportation. En l'absence de ces deux conditions cumulées, l'infraction restera une contravention[32].

Cependant, certains actes de contrebande commis dans des circonstances particulières ainsi que la contrefaçon constituent des délits. C'est le cas par exemple :

- des actes de contrebande commis par une réunion de trois individus et plus jusqu'à six inclusivement, que tous portent ou non des marchandises de fraude (art. 404) ;
- des actes de contrebande commis, soit par plus de six individus, soit par trois individus ou plus à dos d'animal ou à vélocipède, que tous portent ou non des marchandises de fraude ;
- des actes de contrebande par aéronef, par véhicule attelé ou autopropulsé, par navire ou embarcation de mer de moins de 100 tonneaux de jauge nette ou par bateau de rivière ;
- l'exportation en contrebande des produits de la pêche dans les eaux nationales (art. 405).

Par ailleurs, sans être formellement des délits, certaines infractions leur ont été assimilées par la loi pour mieux en assurer la répression.

C- Les assimilations

Certaines fautes, sans être expressément qualifiées par le législateur de ontrebande ou d'importation et d'exportation sans déclaration des marchandises prohibées, s'y apparentent par leurs effets. Elles y sont lors assimilées afin d'en permettre une répression appropriée eu égard au degré de gravité de la fraude commise à travers les actes considérés.

[32] Cass. Crim. 29 mars 2000, DJEMAL Mohamed Bull. crim. n°145.

Ainsi par exemple, sont assimilables à la contrebande, les importations et les exportations sans déclaration, lorsque les marchandises passant par un bureau des douanes sont soustraites à la visite du service des douanes par dissimulation dans des cachettes spécialement aménagées ou dans les cavités ou espaces vides qui ne sont pas normalement destinés au logement des marchandises (article 406/3 CD).

Sur la base de ce qui précède, il existe trois classes de délits[33].

Le délit est la catégorie des infractions douanières la plus sévèrement réprimée. La deuxième catégorie d'infractions prévue par le code des douanes est la contravention. Elle n'emporte que des sanctions pécuniaires.

Paragraphe II. Les contraventions

Sont qualifiées de contraventions aux termes de l'article 21 (1, b) du Code pénal camerounais, les infractions punies par une peine d'emprisonnement qui ne peut excéder dix jours ou d'une amende qui ne peut excéder 25000 FCFA. En matière douanière, la contravention est une infraction qui, au contraire du délit, ne comporte pas de peine privative de liberté. Elle n'est sanctionnée que par une amende fiscale ou par la confiscation (art. 397-402 CD). Il existe plusieurs types de contraventions au regard de la qualification légale : les importations et exportations sans déclaration des marchandises non prohibées (A), les fausses déclarations (B), l'inexécution des engagements souscrits (C) et les oppositions aux fonctions (D).

A- Les importations et exportations sans déclaration des marchandises non prohibées

L'infraction d'importation ou d'exportation sans déclaration résulte de l'obligation qui est faite au propriétaire des marchandises de conduire celles-ci vers un bureau des douanes pour les faire déclarer en détail et payer les droits et taxes éventuels dont elles sont passibles. Les marchandises, qu'elles soient taxables ou non doivent, aux termes de l'article 110 CD, être couvertes par une déclaration en détail.

Le juge a également affirmé dans l'affaire Lellouche[34] que « constitue la contravention d'importation sans déclaration de marchandise non

[33] Voir annexe 1.

prohibée, toute importation effectuée sous le couvert d'une déclaration en détail non applicable aux marchandises présentées ». Une déclaration peut être inapplicable à une marchandise, soit parce qu'elle est incomplète, soit parce qu'elle est inexacte. Constituent également des importations sans déclaration, les soustractions et substitutions de marchandises sous douane, et le défaut de dépôt dans les délais de la déclaration complémentaire dans le cadre d'une procédure simplifiée de dédouanement.

L'infraction d'importation ou d'exportation sans déclaration de marchandises non prohibées présente les mêmes enjeux contentieux que les fausses déclarations.

B- Les fausses déclarations

Les énonciations d'une déclaration en détail doivent être exactes, puisqu'elles fournissent les indications nécessaires à l'identification de la marchandise et à l'application des mesures fiscales, économiques ou douanières afférentes au régime choisi, ainsi qu'à l'établissement des statistiques du commerce extérieur. Dans ce sens, une inexactitude ou une omission qui est de nature à vicier un point donné de la déclaration est considérée comme une fausse déclaration.

Les fausses déclarations peuvent exceptionnellement entraîner des peines délictuelles notamment dans les cas prévus à l'article 412 (2, 3, 4, 6) CD.

Le code des douanes range aussi dans la catégorie des contraventions, l'inexécution des engagements souscrits dans les acquits et soumissions.

C- L'inexécution des engagements souscrits dans les acquits et soumissions

Les marchandises étant le gage des droits, elles ne peuvent pas être enlevées des magasins ou des aires de dédouanement sans que ces droits aient été acquittés. Toutefois, dans certains cas précis (cas des marchandises placées sous régime suspensif, cas des marchandises bénéficiant de la procédure de l'enlèvement direct ...), la mainlevée donnée à la marchandise est subordonnée à la souscription d'un acquit-à-caution ou d'une soumission comportant pour le soumissionnaire,

---

[34] Cass. crim. 7 juin 2000, LELLOUCHE Charles, Bull. crim. N° 216.

l'engagement cautionné de remplir certaines obligations ou de produire certains documents dans un délai précis.

Le fait pour le soumissionnaire de s'abstenir de remplir ses obligations au terme du délai prescrit constitue une inexécution des engagements souscrits. Cette infraction, comme les oppositions aux fonctions sont assez courantes.

D- Les oppositions aux fonctions

Les agents des douanes qui doivent exercer leur fonction en toute tranquillité et dans la parfaite quiétude, sont placés sous la sauvegarde spéciale de la loi (article 62 CD). Le fait pour toute personne de les injurier, de les maltraiter, de s'opposer à l'exercice de leurs fonctions ou de les troubler dans l'exercice de cette fonction est une opposition à fonction.

En fait, « Les agents des douanes, comme tous les fonctionnaires, sont protégés contre toutes les attaques dont ils peuvent être victimes dans l'exercice ou à l'occasion de l'exercice de leurs fonctions. Cette protection vise à préserver la mission d'intérêt général dévolue à l'agent, à garantir la continuité et l'accomplissement normal de son activité, à le défendre contre toute atteinte susceptible de contrarier l'exercice régulier de ses fonctions[35] ».

Les menaces dont sont généralement victimes les agents des douanes et contre lesquelles la collectivité publique est tenue de les protéger sont, la violence, les voies de fait, les injures, la diffamation ou les outrages divers. En revanche, l'administration ne saurait protéger un fonctionnaire et par la suite réparer le préjudice qu'il a subi, en l'absence d'attaque dirigée contre lui, ou dans le cas d'activités étrangères au service ou motivées par un intérêt personnel.

Il existe 5 classes de contraventions[36].

Paragraphe III. Le concours d'infractions

Le concours[37] d'infractions est l'existence de plusieurs infractions pénales distinctes commises par le même auteur, successivement ou simultanément, liées ou non entre elles et non séparées par une

[35] FICHE N° 11676, Ecole nationale des douanes de Tourcoing (France).
[36] Annexe 2.
[37] http ://opgie.free.fr/archives/fiches_61/61_09.DOC.

condamnation pénale définitive. En fonction des circonstances de la commission des infractions, le concours peut être considéré comme idéal (B), réel (A) ou autre (C).

A- Concours réel d'infractions

Le concours réel suppose que plusieurs faits matériels répréhensibles se sont cumulés les uns aux autres. Dans ce sens, l'article 425 CD dit qu'en cas de pluralité de contraventions ou de délits douaniers, les condamnations pécuniaires sont prononcées pour chacune des infractions dûment établies. Cette position peut s'expliquer par le fait que l'auteur de l'acte incriminé est généralement animé de plusieurs intentions coupables différentes. Dans l'Arrêt BEN HADDADI[38], la Cour de cassation d'Alger a admis que l'individu qui a lancé une grenade sur un immeuble d'habitation pouvait être poursuivi pour deux chefs : la destruction d'immeuble par explosif et le meurtre qui s'en est suivi. Il relevait ainsi que l'on était en présence de deux crimes simultanés commis par le même moyen, mais caractérisés par des intentions coupables essentiellement différentes. Sur le plan douanier, on peut prendre l'exemple d'un usager qui fait à la fois une fausse déclaration de valeur et une fausse déclaration d'origine sur le même article d'une déclaration.

Le code des douanes (article 425 CD) semble dire que lorsqu'à l'occasion d'une même procédure, la personne poursuivie est reconnue coupable de plusieurs infractions, la sanction de l'une des fautes est prononcée indépendamment de la pénalité dont l'autre faute fera l'objet.

L'application stricte d'une telle disposition pourrait aboutir à des incongruités qui font condamner une personne à trois cents ans s'il commet cent délits de troisième classe. La logique aurait voulu que, lorsque plusieurs peines de même nature sont encourues, il ne puisse être prononcé qu'une seule peine de cette nature dans la limite du maximum légal le plus élevé. Lorsque le concours n'est pas réel, il peut être idéal.

B- Concours idéal d'infractions

La doctrine considère qu'un concours d'infractions est dit "idéal" lorsque le même fait peut faire l'objet de plusieurs incriminations et tomber de ce fait même sous le coup de dispositions répressives distinctes du code des douanes. Le concours idéal implique l'unité de

[38] *www.dissertationsgratuites.com/sujets/**cass-crim-3-mars-1960**-ben*

qualification et de peine. Par conséquent, tout fait tombant sous le coup des dispositions répressives distinctes édictées par le code des douanes doit être envisagé sous sa plus haute acception pénale (article 425- 1 CD). Par exemple, un même article d'une déclaration en détail peut comporter une fausse déclaration d'espèce entraînant l'inapplicabilité de la déclaration d'importation ou de la licence.

« Il se distingue du concours réel par l'indivisibilité de l'action délictueuse et l'unité d'intention de l'infracteur.

- L'unité de qualification est parfois fondée sur la règle non bis in idem. Elle reflète surtout l'affirmation qu'une seule action ne peut faire l'objet de qualifications distinctes et de peines séparées. C'est la différence avec le concours réel qui donne lieu à une déclaration de culpabilité pour chacune des infractions en concours. La jurisprudence a décidé que l'action unique doit être réprimée "sous la plus haute expression pénale". Seule la qualification passible de la peine la plus élevée est donc retenue.

- L'unité de peine implique que seules les peines attachées à la qualification retenue peuvent être prononcées. Par conséquent, les peines complémentaires attachées à une qualification écartée ne peuvent être demandées. Tout cumul entre les différentes peines afférentes aux diverses qualifications en concours est exclu[39] ».

Lorsque les diverses infractions sont de la même classe et qu'il existe un droit compromis, la classification retenue est celle qui donne ouverture au droit compromis le plus élevé[40]. Le concours peut impliquer deux infractions douanières ou une infraction douanière et d'autres infractions.

C- Concours d'infractions douanières avec d'autres infractions

En cas de concours d'infractions douanières et d'infractions de droit commun, qu'elle soit fiscale ou non, l'infraction douanière subsiste indépendamment des autres infractions. Les peines de non-cumul ne jouent qu'à l'égard des peines d'emprisonnement[41]. Les sanctions douanières et de droit commun se cumulent, en raison du caractère civil des pénalités fiscales ayant valeur de réparation. Ce cumul découle de

[39] ALADI, concours d'infractions.
[40] « Réglementation douanière », *op. cit.*, p. 438.
[41] *Ibid.*, p.438.

l'article 426 CD selon lequel, « sans préjudice de l'application des pénalités édictées par le présent code, les délits d'injures, voies de fait, rébellion, corruption ou prévarication et ceux de contrebande avec attroupement et port d'armes sont poursuivis, jugés et punis conformément au droit commun »[42].

De même, lorsqu'une infraction à la réglementation des changes constitue en même temps une infraction à la législation douanière ou à toute autre législation, elles sont, indépendamment des sanctions prévues par la réglementation des changes, poursuivies et réprimées comme en matière de douane ou conformément à la procédure prévue par la législation à laquelle il est porté atteinte (Chapitre 2 du titre III de l'Instruction générale n° 03/009/CF/MINFI/DCE/D relative à l'application du Règlement n°02/00/CEMAC/UMAC/CM du 29 avril 2000 portant harmonisation de la réglementation des changes dans les États membres de la CEMAC).

En définitive, l'infraction douanière est tout acte positif ou négatif qui viole la loi et qui est frappé d'une peine prévue par la loi douanière. À la différence du droit commun, le droit douanier n'implique pas nécessairement l'existence de l'élément moral. Par ailleurs, l'infraction perturbe toujours l'équilibre des rapports sociaux. C'est pour cette raison que son auteur est sanctionné par une peine dont la gravité dépend du niveau des souffrances éprouvées par le corps social. Pour ce faire, les infractions douanières sont de deux ordres assortis de plusieurs classes. Ainsi, la première catégorie constituée par les délits comporte 3 classes et la deuxième catégorie qui comprend les contraventions compte 5 classes.

Pour être sanctionnées, les infractions doivent être constatées par des personnes que la loi a elle-même désignées. Les agents des douanes, plus que les officiers de police judiciaire qui ont une compétence générale, ont vocation à rechercher et à constater l'infraction douanière. Compte tenu de la complexité et de la spécificité de ce travail, la loi les a dotés de pouvoirs particuliers qui sont la condition même de l'atteinte de l'objectif recherché.

[42] Cours de contentieux (inédit), Ecole nationale des douanes françaises de Neuilly.

Chapitre II

La constatation des infractions douanières

Les infractions aux lois et règlements douaniers sont constatées par les agents des douanes. Toutefois, les agents d'autres administrations peuvent procéder à la saisie des marchandises de fraude (article 298 CD).

Si le code des douanes autorise les agents d'autres administrations à procéder à la saisie des marchandises, il les autorise aussi implicitement à constater les infractions qui en découlent ; c'est en tout cas ce que semble penser cet auteur[43] lorsqu'il dit que les autres administrations peuvent constater les infractions douanières, dans les rayons des frontières de terre et de mer, à l'occasion de l'exercice de leurs fonctions, lorsqu'il n'est pas possible d'aviser utilement le bureau, le poste ou la brigade le plus proche.

Pour la recherche et la constatation des infractions, les agents des douanes mettent en œuvre un ensemble de pouvoirs et de prérogatives qui sont une autre marque des spécificités de l'organisation et du fonctionnement de l'administration douanière (Section I). La constatation de ces infractions se matérialise, le cas échéant, par la rédaction de certains actes dont les procès-verbaux sont les types le plus achevés (Section II).

Section I : Les pouvoirs des agents des douanes en matière de constatation des infractions

Les pouvoirs des agents des douanes lors de la recherche et de la constatation des infractions varient suivant qu'ils sont exercés dans le cadre de la procédure de saisie (Paragraphe I), mode traditionnel de constatation des infractions flagrantes, ou dans le cadre de celle de l'enquête (Paragraphe II) qui s'applique habituellement aux infractions non flagrantes. Ces pouvoirs sont renforcés par des prérogatives particulières reconnues au personnel des douanes (Paragraphe III).

---

[43] www.village-justice.com

Paragraphe I. Les pouvoirs des agents des douanes dans le cadre de la constatation par voie de saisie

En matière douanière, lorsqu'une infraction est flagrante, elle permet au service d'exercer d'office son droit de saisie. Une infraction flagrante est du point de vue du code de procédure pénale, celle qui vient de se commettre ou qui se commet au moment de sa constatation. Sont aussi réputés infractions flagrantes, les cas où le prévenu est trouvé saisi d'effets, instruments ou papiers faisant présumer qu'il est auteur ou complice pourvu que ce soit dans un temps voisin du délit. Dans l'affaire Briguet-Lamarre,[44] le juge considère comme infraction flagrante, celle dont l'existence est révélée par des indices apparents constatables extérieurement, qui tendent à faire croire à la présence d'un comportement délictueux.

« Cette procédure qui fait l'objet des articles 298 à 307 CD est toujours appliquée lorsque la saisie des objets de fraude est possible. Elle s'applique également lorsque la saisie ne peut être matériellement effectuée, soit parce que les objets saisissables échappent à l'emprise du service par le fait des fraudeurs ou par cas fortuits, soit parce que les objets de fraude ne sont pas passibles de confiscation, soit lorsqu'il s'agit d'infractions flagrantes [telle que l'opposition aux fonctions] n'ayant pas directement trait à la marchandise »[45].

La procédure de saisie met en exergue des pouvoirs particuliers des agents des douanes dans la recherche (A) et la constatation de la fraude (B).

A- Les pouvoirs des agents des douanes lors de recherche de la fraude

Le droit de visite reconnu aux agents des douanes en vue de rechercher la fraude s'exerce aussi bien à l'égard des personnes (1) et des marchandises (2) qu'à l'égard des moyens de transport (3) et des domiciles (4). Ce droit de visite s'exerce sur l'ensemble du territoire douanier et doit se faire, sous peine de nullité, suivant les procédures et les conditions établies par le code des douanes[46].

---

[44] Cass. Crim. 21 juillet 1982, Bull. crim. n° 196.

[45] Réglementation douanière, CEMAC, édition 2007, p..472.

[46] Cass. crim., 23 mars 1992, GIRAUDO / WAGMAN, Bull. Crim. n° 124, Doc. Cont. n° 1875 ; JCP Droit pénal, août 1992, n° 206.

La lecture combinée des articles 298 (3) et 299 CD laisse penser que ceux qui constatent une infraction douanière dans le cadre de la procédure de saisie ont le droit de procéder à la saisie des objets passibles de confiscation, à la capture du délinquant, à la rétention des moyens de transport, des expéditions et autres documents relatifs aux objets saisis, ainsi qu'à la retenue préventive des objets affectés à la sûreté des amendes.

1- Pouvoirs de contrôle des personnes

Les agents des douanes peuvent contrôler toute personne qui entre dans le territoire douanier ou qui en sort, ou qui circule dans le rayon des douanes. Ce contrôle implique non seulement le contrôle de l'identité, mais aussi la fouille à corps et des bagages à main (porte-documents, sacs à main, portefeuille, agendas, bagages accompagnés…).

La jurisprudence[47] a soutenu en cela que M. Rochard a eu tort de croire que la visite de son sac à main constitue une véritable perquisition et que les formalités prévues par le code de procédure pénale auraient dû être respectées.

Le pouvoir de contrôle des personnes implique aussi le droit de visite in « corpore ». En effet, lorsque des indices sérieux laissent présumer qu'une personne transporte dans son organisme des drogues à haut risque ou des drogues à risques au sens de la loi, les agents des douanes peuvent les soumettre à des examens médicaux de dépistage (article 5e, chapitre 2 du Titre 1 de la loi de finances de l'exercice 2005 pour la République du Cameroun).

Les agents des douanes sont juges du caractère sérieux des indices et par suite, juges de l'opportunité des examens. Dans l'affaire Duque de Gonzalves[48], le juge a reconnu que les agents des douanes ont eu raison d'imposer la visite in « corpore » au prévenu, « considérant qu'en l'espèce, le procès-verbal établi le 3 juin 1990 fait expressément mention du pays de provenance des trois voyageurs et de la ville de BOGOTA, ville connue comme l'un des points principaux d'acheminement de la cocaïne vers les États-Unis et l'Europe ; que les trois inculpés sont de nationalité colombienne et que la pratique d'ingestion in « corpore » est

---

[47] Cass. Crim. 26 février 1990 Rochard cité par V. Carpent, *Guide pratique du contentieux douanier*, *op cit*. p.19.

[48] Cour d'appel de Paris, 19 mars 1991, cité par cours de contentieux, Ecole nationale des brigades des douanes de La Rochelle, avril 1998, p.49.

notamment utilisée par des passeurs de drogue de cette nationalité. En plus, les passeports des trois inculpés retracent de nombreux voyages en provenance de BOGOTA au cours de ces dernières années. De plus, leurs billets d'avion aller et retour ont été payés « cash ». Ainsi, les conditions posées par (...) le code des douanes étaient satisfaites par ces indices, lesquels étaient de nature à justifier la pratique des examens médicaux ».

Les examens médicaux visés ci-dessus doivent être conduits avec le consentement tacite ou exprès du prévenu. En cas de refus, le magistrat saisi (président du tribunal d'instance) peut autoriser les agents des douanes à faire procéder à ces examens médicaux. Il désigne alors le médecin chargé de les pratiquer dans les meilleurs délais. Le contrôle des personnes s'accompagne presque toujours de celui des marchandises qu'elles transportent.

2- Pouvoirs de contrôle des marchandises

Le pouvoir de contrôle dont il est fait référence ici concerne aussi bien les marchandises nationales qu'étrangères, qu'elles soient taxables ou non. Certains produits du cru en circulation dans le territoire douanier sont soumis à une réglementation stricte (c'est le cas par exemple des produits visés par la convention de Washington, notamment les espèces menacées d'extinction et leurs parties), ou sont simplement prohibés à l'exportation (les biens culturels, les stupéfiants...). Le contrôle ici aura pour but de s'assurer de l'effectivité de l'application des mesures de prohibition ou des textes régissant la circulation des marchandises.

En ce qui concerne les produits étrangers, les vérifications sont orientées vers l'application des mesures fiscales ou économiques et vers le contrôle du commerce extérieur, mais surtout, vers la recherche des produits susceptibles de menacer la sécurité publique (arme, munition, matériel de guerre, poudre...), la santé publique (produits de contrefaçon, stupéfiants...) ou la moralité publique (films, journaux illustrés par la pornographie...).

Sur un autre plan, les agents des douanes ont accès au bureau des postes, y compris dans la salle de tri, pour y rechercher, en présence des agents des postes, des envois clos ou non, susceptibles de fraude (article 77 CD). Il peut s'agir d'envois taxables, soumis à des restrictions ou à l'accomplissement préalable de certaines formalités, ou encore de colis prohibés à l'importation. Le contrôle des marchandises s'étend aussi à celui des moyens de transport.

3- Pouvoir de contrôle des moyens de transport

Les agents des douanes tiennent de l'art. 71 CD, le droit de visiter tout moyen de transport. Ce pouvoir concerne les véhicules automobiles ainsi que toutes leurs parties y compris celles qui ne sont pas normalement destinées à recevoir les marchandises. Il s'applique aussi aux navires au-dessous de 100 tonneaux de jauge nette ou de 500 tonneaux de jauge brute se trouvant dans la zone maritime du rayon des douanes (art. 72).

Les agents des douanes peuvent aussi, dans ce cadre et en vertu de l'art. 73 CD, monter à bord de tout bâtiment, y compris dans les navires de guerre qui se trouvent dans les ports, rads, ou qui montent ou descendent les rivières et canaux. Le commandant de bord est tenu de les recevoir, de les accompagner et s'ils le désirent, de faire ouvrir les écoutilles, les chambres et armoires de leur bâtiment, ainsi que les colis désignés pour la visite. En cas de refus, les agents peuvent demander l'assistance d'un juge ou à défaut, d'un officier municipal dudit lieu ou d'un officier de police judiciaire. Les agents chargés de la vérification des bâtiments et cargaisons peuvent au coucher du soleil fermer les écoutilles qui ne pourront être ouvertes qu'en leur présence.

Le droit de visite s'étend aux moyens de transport concourant à l'exploitation du plateau continental ou à l'exploitation de ses ressources naturelles (art. 74).

Le droit de visite des moyens de transport va avec celui d'ordonner leur immobilisation.

En effet, tout conducteur de moyen de transport doit se soumettre, conformément aux dispositions de l'article 71 sus-cité, aux injonctions et signaux d'arrêt des agents des douanes. Ceux-ci peuvent en cas de refus, faire usage de tous engins appropriés pour immobiliser les moyens de transport récalcitrants. « Les injonctions des agents des douanes auxquelles doit se soumettre tout conducteur ne se bornent pas à celles qui tendent à l'immobilisation du moyen de transport, mais concernent aussi toutes celles destinées à permettre, en vue de la recherche de la fraude, la visite des marchandises, des moyens de transport et des personnes (...) »[49]. Ils peuvent aussi faire usage de leur arme à feu s'ils ne peuvent immobiliser autrement le véhicule ou l'embarcation (art. 65 al

---

[49] Cass. Crim, 28 Mai 1984, SOHM. Cite dans cours de contentieux, Ecole nationale des brigades de La Rochelle, 1984, p. 46.

b CD). Ils procèdent immédiatement au contrôle du moyen de transport et de son contenu. Deux situations peuvent se présenter :

- si la fouille ne donne pas lieu à constatation d'une faute, le moyen de transport et son conducteur sont immédiatement libérés ;

- si la fouille conduit les agents des douanes à la constatation d'une infraction qui naturellement est flagrante, le moyen de transport, la marchandise qu'il transporte ainsi que tout ce qui a servi à masquer la fraude sont saisis et le conducteur capturé. Les propriétaires d'objets ou de marchandises ayant servi à masquer la fraude, saisis ou confisqués, ne sauraient être admis à les revendiquer ; cette interdiction, d'application stricte, s'étend même au cas où ils sont de bonne foi[50].

Pour procéder à la fouille des moyens de transport et des passagers, les agents des douanes n'ont pas besoin de se faire accompagner d'une autorité judiciaire. Le juge l'a réaffirmé dans l'arrêt Lescurieux en des termes clairs. « La cour d'appel énonce qu'en procédant à la fouille d'un véhicule et de ses passagers, hors la présence d'un officier de police judiciaire et sans relever l'existence préalable d'un indice laissant présumer la commission d'une infraction, les douaniers n'ont nullement méconnu le sens et la portée de l'article [71 CD] et n'ont fait qu'user du pouvoir que leur confère [le même code] »[51].

Le pouvoir de contrôle des agents des douanes est assez large, mais il doit être utilisé avec doigté pour garantir les libertés individuelles. « Si pour l'application du code des douanes et en vue de la recherche de la fraude, les agents des douanes peuvent procéder à la visite des moyens de transport, ils ne peuvent cependant, sans commettre un détournement de procédure, procéder à la visite d'un véhicule pour la constatation d'une infraction à la circulation routière »[52].

Ce pouvoir annonce celui reconnu aux douaniers de procéder aux visites domiciliaires.

---

[50] Cass.Crim. 7 juillet 2005, Bull. Crim. N° 205.

[51] Cass. Crim. 16 janvier 1995, LESCURIEUX, cité dans cours de contentieux, Ecole nationale des brigades de La Rochelle, *ibid.* p. 46.

[52] Cass. Crim. 18 décembre 1989, SOUCHAL cité dans cours de contentieux, Ecole nationale des brigades de La Rochelle, *ibid.*, p. 46.

4- Droit de visite domiciliaire

Les opérations de visite domiciliaires peuvent, en cas de flagrant délit, être effectuées non seulement chez toute personne qui paraît avoir participé à la commission de l'infraction, mais aussi chez celle qui paraît détenir des pièces ou objets relatifs aux faits incriminés sans qu'il soit nécessaire qu'une infraction flagrante soit caractérisée à son égard[53]. Ça peut être le cas lorsque « les déclarations non anonymes recueillies par procès-verbal, d'un individu reconnaissant se livrer à l'usage de stupéfiants et dénonçant le fournisseur auprès duquel il se ravitaille [sont] suivies de la conduite des enquêteurs au lieu d'habitation de ce dernier[54] ».

Les conditions de mise en œuvre de la visite domiciliaire feront l'objet des développements ultérieurs.

La procédure de constatation de l'infraction commence comme nous l'avons vu, par la recherche de la fraude qui met en exergue le caractère particulier des pouvoirs des agents des douanes. Lorsque l'infraction est découverte, elle doit être constatée pour ouvrir droit aux sanctions prévues par la loi.

B- Pouvoirs des agents des douanes lors de la constatation de la fraude

Quand l'infraction douanière est constatée, les agents des douanes peuvent procéder à la saisie des marchandises passibles de confiscation (1), à la capture du délinquant, à la retenue des expéditions et à la retenue préventive garantissant le paiement des pénalités (2).

1- Droit de saisie des marchandises passibles de confiscation

La confiscation est un acte par lequel une autorité régulièrement investie de ce pouvoir prend possession d'un bien appartenant à autrui. Le plus souvent, cette prérogative s'exerce comme une punition et pour une période limitée. Dans le même esprit, tous les objets ne sont pas susceptibles de confiscation. Il existe plusieurs formes de saisie (a) qui s'exercent, chacune suivant des modalités et un champ d'application bien précis (b).

---

[53] Cass. crim., 27 janvier 1987, MUSSO, Bull. crim. nº 41.
[54] Cass. crim., 23 mars 1992, RIQUIER, Bull. crim. n° 123.

a- Les formes de saisie

« La procédure de saisie s'applique, qu'il y ait eu ou non saisie matérielle des objets passibles de confiscation. L'essentiel est en l'occurrence que la saisie ait été prononcée par les agents verbalisateurs »[55]. En d'autres termes, le droit douanier ne fait pas de différence entre la saisie réelle et la saisie juridique de la marchandise. Dans le premier cas, il y a appréhension matérielle et concrète de l'objet. La saisie a pour but exclusif de mettre sous la main de la douane, des objets susceptibles de confiscation en vue d'en empêcher la distraction, le temps pour l'autorité compétente d'examiner l'opportunité d'un arrangement transactionnel ou dans le cas contraire, que les tribunaux statuent sur le fond de l'affaire. La saisie procure ainsi la preuve matérielle et directe de l'infraction.

Dans le deuxième cas, la saisie est théorique ou fictive, car pour une raison quelconque, l'appréhension matérielle de la marchandise n'a pu être possible. Il est cependant utile que la saisie, qu'elle soit réelle ou juridique, ait été précédée de la déclaration de saisie faite à haute et intelligible voix par les agents verbalisateurs, même si le prévenu est absent, en fuite ou inconnu.

Les objets saisis sont, si cela est possible, conduits au bureau ou poste des douanes le plus proche du lieu de la saisie ou alors confiés à la garde du prévenu ou d'un tiers qui se trouve au lieu de la saisie ou dans une autre localité. Si les marchandises ne sont pas prohibées, il est offert mainlevée des moyens de transport sous caution solvable ou sous consignation de la valeur (article 301 CD).

Afin d'éviter les abus, la loi a fixé le régime juridique des opérations de saisie.

b- Champs d'application de la saisie

Le régime juridique de la saisie varie suivant qu'elle s'est opérée à l'intérieur ou hors du rayon des douanes. L'article 304 CD dispose qu'en cas de saisie à domicile, les marchandises non prohibées ne sont pas déplacées sous réserve que le prévenu donne caution solvable de leur valeur. Si le prévenu ne fournit pas caution, ou s'il s'agit d'objets prohibés, les marchandises sont transportées au plus proche bureau ou confiées à un tiers gardien constitué soit sur les lieux de la saisie, soit

---

[55] *Guide du contentieux douanier*, *op. cit.*, p. 71.

dans une autre localité. Les autorités des autres administrations qui sont intervenues dans les opérations de saisie (l'officier municipal du lieu, l'officier de police judiciaire, le représentant de l'autorité régionale ou locale ou le chef de village) doivent assister à la rédaction du procès-verbal. En cas de refus, il suffit, pour la régularité des opérations, que le procès-verbal contienne la mention de la réquisition et du refus.

Les marchandises saisies sur les navires et bateaux pontés doivent être immédiatement déchargées. Lorsque le déchargement ne peut avoir lieu tout de suite, les saisissants apposent les scellés sur les panneaux et écoutilles des bâtiments. Le procès-verbal, qui est dressé au fur et à mesure du déchargement, fait mention du nombre, des marques et des numéros des ballots, caisses et tonneaux. La description en détail n'est faite qu'au bureau, en présence du prévenu ou après sommation d'y assister ; il lui est donné copie à chaque vacation (article 305 CD).

En dehors du rayon, la saisie ne peut être effectuée que dans des cas limitativement énumérés à l'article 306 CD, c'est-à-dire :

- lors des infractions relevées dans les bureaux, entrepôts et autres lieux soumis à la surveillance du service des douanes ;
- dans les cas de poursuite à vue ;
- en cas d'infractions flagrantes ;
- en cas d'infraction à l'article 291 (1,2) CD ;
- en cas de découverte inopinée de marchandise dont l'origine frauduleuse ressort manifestement des déclarations de leur détenteur ou de documents probants trouvés en sa possession.

Toutefois, lorsque les marchandises saisies ne sont pas prohibées, il est offert mainlevée des moyens de transport sous caution solvable ou sous consignation de la valeur (art. 301 CD). Cette mesure de clémence à l'égard des moyens de transport peut s'expliquer par le fait que son propriétaire n'est pas forcément concerné par l'entreprise de fraude et qu'il peut avoir, de bonne foi, conclu le contrat de transport, de location ou de crédit-bail le liant au contrevenant.

Seulement, lorsqu'une saisie opérée en vertu de l'article 298 paragraphe 3 CD n'est pas fondée, le propriétaire des marchandises a droit à un intérêt d'indemnité à raison de 1 % par mois de la valeur des objets saisis, depuis l'époque de la retenue jusqu'à celle de la remise ou de l'offre qui lui en a été faite (art. 390CD).

La saisie des marchandises peut donner lieu à la capture du délinquant et à la retenue des expéditions et autres documents relatifs aux objets saisis.

2- Droit de capture du délinquant, de la retenue des expéditions et de la retenue préventive garantissant le paiement des pénalités

Généralement, la circulation des marchandises se fait sous le couvert des expéditions et autres documents. Ces documents ont pour objet d'attester la détention régulière des objets dans le territoire. La douane peut, si cela est nécessaire, retenir ces documents (a), procéder à la capture du délinquant (c) et le cas échéant, retenir des marchandises non confiscables pour les besoins de garantie de paiement des pénalités (b).

a- Droit de retenue des documents et autres expéditions

Les agents qui constatent l'infraction peuvent procéder à la retenue des documents relatifs aux objets saisis. La saisie des documents présente un intérêt particulier pour la douane dès le moment où ils peuvent permettre de confondre le fraudeur et de prouver de manière irréfutable sa participation dans la commission de l'infraction. La saisie des expéditions permet aussi de réunir les moyens de preuve de l'infraction lorsqu'il s'agit de prouver le faux de certains documents ou la complicité de certains individus avec les auteurs principaux de l'infraction. Elle doit donc toujours être exercée, dès que son utilisation présente un intérêt, que l'infraction constatée soit flagrante ou non. Les documents inutiles à l'administration de la preuve doivent être restitués au début ou au cours de la procédure.

Dans le même esprit, la retenue préventive des marchandises non saisissables en garantie du paiement de la pénalité peut être prononcée.

b- Droit de retenue préventive en garantie du paiement de la pénalité

Aux termes de l'article 357 CD, dans tous les cas de constatation d'infraction douanière flagrante, les moyens de transport et les marchandises litigieuses non passibles de confiscation peuvent, pour sûreté des pénalités encourues, être retenus jusqu'à ce qu'il soit fourni caution ou versé consignation du montant desdites pénalités. Sur la base de ce qui précède, on peut conclure que la retenue préventive des objets affectés à la sûreté des pénalités peut être prononcée par ceux qui constatent l'infraction flagrante, comme complément de la saisie des marchandises confiscables.

La loi ne donne pas ici des limites sur la nature des objets non confiscables susceptibles d'être retenus. On peut par conséquent logiquement penser que la retenue préventive peut concerner tout objet mobilier trouvé sur le prévenu au moment de la constatation de l'infraction, y compris des devises, de l'or ou des sommes d'argent lui appartenant. Il peut être mis fin à la retenue si le prévenu présente une caution ou verse une consignation égale au montant des pénalités encourues. La retenue se différencie de la saisie en ce qu'elle ne vise ni une éventuelle confiscation ni la production des éléments supplémentaires ou complémentaires de preuve. Elle a pour seul objet de garantir le paiement de l'amende. Toute démarche tendant à sa confiscation en vue du paiement de l'amende ne peut pas prospérer. « Attendu que, pour refuser de faire droit à la demande de l'administration des douanes tendant à la confiscation des marchandises, documents et capitaux retenus préventivement pour sûreté des pénalités douanières et visés à l'annexe II de ses conclusions, la cour d'appel a justifié sa décision sans encourir les griefs allégués »[56].

Cette précaution particulière qui vise à protéger une partie du patrimoine du délinquant ne le met par contre pas à l'abri de la capture.

c- Droit de capture du délinquant

Conformément à l'article 298 (4), la capture des délinquants peut être engagée par les agents des douanes lors de la constatation d'une infraction flagrante. « Une interpellation en état de flagrance est justifiée (...) par des indices apparents d'un comportement délictueux tels que la dénonciation de l'intéressé comme trafiquant de cocaïne, les allées et venues, contacts et transports constatés par les policiers au cours de surveillances et filatures faisant ressortir la méfiance particulière de l'infracteur » [57].

Le code des douanes de la CEMAC reste muet quant aux conditions et à la procédure d'exercice de ce droit. Mais il est clair qu'il n'est pas permis aux agents des douanes d'arrêter des personnes pour des contraventions ou lorsque le délit ne présente aucun caractère flagrant. Par ailleurs, cette mesure qui a pour effet la privation des libertés individuelles doit être entourée de toutes les précautions relatives au droit

---

56 Cass. Crim. 27 septembre 1993, GENTIL Marcel, Aladin 11601.

57 Cass. crim., 28 septembre 1992, GAY, *www.juricaf.org/.../FRANCE-COURDECASSATION-19920928-918622*

de la défense et au respect de la dignité humaine. La capture des délinquants ne devrait pas absolument être automatique, elle doit être exercée lorsque l'infraction présente une certaine gravité nécessitant la conduite des investigations complémentaires pouvant conduire à la découverte d'autres infractions ou d'un réseau de fraude.

Elle peut aussi être exercée si le prévenu est susceptible de prendre la fuite. Le juge n'a en effet pas trouvé d'objection à ce qu'on laisse libre un prévenu qui, de manière volontaire et spontanée, a accepté d'accompagner les agents des douanes dans toutes les étapes de la rédaction du procès-verbal.[58] De même, dans l'affaire Pacaud Nouel de Kerangue, le juge n'a pas trouvé à redire de la réaction des agents des douanes qui ont laissé libre « les intéressés [qui] se sont rendus dans les locaux de l'administration de leur plein accord, acceptant de suivre les fonctionnaires des douanes et d'être entendus par leurs soins, sans qu'il ait été utile de procéder à leur capture et à leur retenue au sens (…) du code des douanes[59] ».

Sur un autre plan, l'article 307 CD instruit les agents verbalisateurs ayant constaté les délits de douane, de remettre les procès-verbaux au procureur de la République et de traduire devant celui-ci les prévenus capturés. On peut comprendre dans cette perspective que les agents des douanes ont juste le pouvoir de retenir matériellement les auteurs d'une infraction flagrante, en vue de les remettre au tribunal. Le temps de la retenue du prévenu ne devrait donc durer que le temps de la rédaction du procès-verbal. En principe, la retenue douanière ne doit pas se confondre avec la garde à vue.

La procédure de saisie peut faciliter ou provoquer la procédure d'enquête.

Paragraphe II. Les pouvoirs des agents des douanes dans le cadre de la constatation par voie d'enquête

En vue de la recherche des marchandises entrées dans le territoire en infraction à la législation douanière, les agents des douanes peuvent procéder à des visites domiciliaires (A). Ils peuvent aussi demander e

---

[58] Cass. Crim. 8 MARS 1993, Pacaud Nouel de Kerangue cité par V. CARPENTIER *Guide du contentieux douanier*, Litec, p. 58.

[59] Cass. crim., 8 mars 1993, PACAUD NOUEL DE KERANGUE, Note D/2 n° 131 du 19 mai 1993 (cité par V. CARPENTIER in *Guide du contentieux douanier*, *op cit.* p. 58.

obtenir communication de tout document relatif à une opération donnée (B), en même temps qu'ils bénéficient pour ce faire des prérogatives particulières (C). L'exercice de ce pouvoir se fait à l'abri d'un contrôle juridictionnel strict. En plus, les agents des douanes peuvent pareillement procéder à des livraisons surveillées (D).

A- La visite domiciliaire

Afin de constater les infractions d'importation, d'exportation ou simplement de détention des marchandises litigieuses, d'identifier les auteurs, complices de ces infractions ou les intéressés à la fraude, et d'effectuer les saisies prévues par le code des douanes, l'administration peut, conformément à l'art. 75 CD, procéder à des visites domiciliaires dans le rayon des douanes ou même en dehors.

« La jurisprudence a défini la notion de domicile comme étant le lieu où la personne vit de manière permanente ou temporaire, quel que soit le titre juridique de son occupation et l'affectation donnée aux locaux. Sont incluses dans la notion de domicile, les dépendances immédiates telles que cours et jardins, pourvu que ces dépendances soient attenantes au domicile et clôturées. Sont assimilés à un domicile, les véhicules de « camping-car » lorsqu'ils sont en stationnement et qu'ils sont utilisés comme résidence effective, de même qu'un yacht de plaisance ou un voilier de haute mer, sauf si le navire ne comportant aucun aménagement intérieur sert simplement de moyen de transport »[60].

Les agents doivent dans ce cas se faire accompagner, soit par un officier municipal du lieu, soit par un officier de police judiciaire, soit par un représentant de l'autorité régionale ou locale. Cette visite ne peut en aucun cas se faire pendant la nuit sauf en cas de poursuite à vue. « La disposition qui prévoit l'assistance d'un officier de police judiciaire est d'ordre public et ne peut pas faire l'objet de renonciation »[61].

Le régime juridique de la visite domiciliaire varie suivant qu'elle est faite à l'intérieur (1) ou hors du rayon des douanes (2), ou encore à la suite d'une poursuite à vue.

---

[60] Cass ; crim. 20 novembre 1984, bull. crim. N° 355, cité par V. CARPENTIER, *op cit.*, p.27.

[61] Cass. 2 juin 1986, SARDIER repris dans cours contentieux, Ecole nationale des brigades des douanes, *op cit.*, p. 62.

1- Visite domiciliaire à l'intérieur du rayon

L'article 75 CD indique clairement que la visite domiciliaire peut être opérée en vue de rechercher les marchandises détenues frauduleusement dans le rayon. Le rayon des douanes est une zone de surveillance spéciale organisée le long des frontières terrestres et maritimes (art. 54 CD). À l'intérieur du rayon des douanes, les agents des douanes ont des pouvoirs étendus leur permettant de conduire leurs investigations.

La visite domiciliaire ne peut pas être mise en œuvre pour la recherche d'autre chose que les marchandises. Un délinquant par exemple qui a échappé à la vigilance du service ne peut pas être poursuivi dans un domicile privé au titre de cette réglementation. Par contre, lorsque la marchandise de fraude est stockée ou détenue dans un domicile, le pouvoir de visite domiciliaire joue. « Il n'est pas nécessaire que le propriétaire des lieux soit lui-même soupçonné d'avoir participé à l'infraction. Il suffit que des marchandises ou documents se rapportant à l'un des délits visés (...) soient susceptibles de se trouver dans le lieu visité[62] ».

Pour bien conduire leur mission dans le rayon, les agents des douanes ont droit au libre parcours des bords de la mer ou des fleuves. Les propriétaires riverains ne peuvent élever aucun obstacle à la circulation des agents des douanes. Le fait pour eux de le faire ou de refuser le passage aux agents des douanes constitue une opposition aux fonctions telle que prévue à l'article 55 du code des douanes.

Selon Berr et Tremeau[63], le service des douanes tient de la jurisprudence le droit de circuler sur toute l'étendue du rayon des douanes et d'y établir éventuellement des embuscades. Les agents des douanes ont le pouvoir d'interdire la circulation dans la zone terrestre du rayon, des marchandises non accompagnées de passavant ou d'autres documents de douane en tenant lieu. Ces marchandises, même accompagnées d'un passavant, ne peuvent circuler dans le rayon pendant la nuit.

Les agents des douanes peuvent procéder à des visites domiciliaires aussi bien à l'intérieur du rayon qu'en dehors.

---

[62] SOULARD (Christophe), *Guide pratique du contentieux douanier*, *op. cit.*, p.181.
[63] BERR et TREMEAU, *Le droit douanier*, *op cit.*

2- Visite domiciliaire en dehors du rayon des douanes

Pour la recherche en tous lieux des marchandises soumises aux dispositions de l'article 291 CD, les agents des douanes peuvent procéder à des visites domiciliaires. Si la visite se fait sans contrôle du juge, il est nécessaire dans la pratique qu'elle soit autorisée et contrôlée par la hiérarchie douanière pour éviter à la fois des abus et des détournements de pouvoir. Le droit de visite domiciliaire doit être limité à la recherche des marchandises qui, selon l'article 291 (3), sont désignées par le conseil des ministres de l'UEAC. Ces marchandises sont reprises dans l'acte 102/66-CD-118 du 10 juin 1966.

Par ailleurs, afin de procéder aux investigations nécessaires à la recherche et à la constatation des infractions prévues dans le code des douanes, les agents des douanes ayant au moins le grade de contrôleur ou d'adjudant sont habilités, par l'article cinquième de la loi n° 2004/026 du 30 décembre 2004 portant loi de finances en République du Cameroun, à accéder aux locaux et lieux à usage professionnel, ainsi qu'aux terrains et entrepôts où les marchandises et documents se rapportant à ces infractions sont susceptibles d'être détenus. Aux mêmes fins, ils ont accès aux moyens de transport à usage professionnel et à leur chargement. L'accès à ces lieux doit intervenir entre huit heures et vingt heures, ou en dehors de ces heures, lorsque l'accès au public est autorisé, ou lorsque sont en cours des activités de production, de fabrication, de conditionnement, de transport, de manutention, d'entreposage ou de commercialisation.

Toutefois, il reste constant qu'une mission diplomatique ne peut, de par des conventions internationales, être soumise à visite même en cas de poursuite à vue.

3- Visite domiciliaire à la suite d'une poursuite à vue

En cas de poursuite à vue, les agents des douanes peuvent rechercher les marchandises de fraude introduites dans les maisons ou bâtiments, même situés en dehors du rayon, de jour comme de nuit, sans se faire assister d'un officier de police judiciaire, d'un officier municipal du lieu ou d'un représentant de l'autorité régionale ou locale. S'il y a résistance de la part des occupants du lieu, les agents des douanes peuvent faire usage de la force pour accéder au lieu de la détention de la marchandise, mais en présence d'un officier de police judiciaire, d'un officier municipal ou d'un représentant de l'autorité régionale ou locale. Ils peuvent même requérir les services de toute personne dont l'expertise s'avère nécessaire pour faciliter l'accès à ces locaux (un serrurier par exemple).

La poursuite à vue peut donner lieu à la saisie des marchandises litigieuses. Un inventaire de ces marchandises ainsi que les documents y relatifs sont produits et annexés au procès-verbal. Celui-ci est signé par les agents des douanes ainsi que par toutes les autres autorités ayant assisté à la saisie. En cas de refus de signer, mention en est faite dans le procès-verbal. D'ailleurs, « en cas de saisie à domicile opérée dans le cadre de l'enquête douanière, la présence de l'officier de police judiciaire à la rédaction du procès-verbal qui la constate, telle que prévue par [le code des douanes], est exigée quel que soit le lieu où le procès-verbal est effectivement rédigé. En cas de refus, il suffit, pour la régularité des opérations, que le procès-verbal contienne la mention de la réquisition adressée par les agents des douanes à l'officier de police judiciaire et du refus de celui-ci »[64].

D'une manière générale, la loi semble ici donner implicitement les pouvoirs les plus étendus de visite domiciliaire aux agents des douanes. Elle leur permet de procéder à ces visites en tous lieux, en vue de rechercher des marchandises de fraude lorsqu'ils sont accompagnés des autorités civiles ou policières requises. Cette disposition de la loi montre, plus qu'ailleurs, que le législateur reste attaché aux prérogatives reconnues à la douane par le code français de 1887 dont a hérité le code des douanes de la CEMAC. Elle a été abandonnée en France par la réforme de 1987. Ce texte désuet au regard de l'avancée de la démocratie en Afrique, devrait être modifié pour prendre en compte les aspirations du peuple africain à plus de liberté. Dans ce cas, le pouvoir d'opérer les investigations dans des lieux privés devrait se faire sous le contrôle du juge.

Dans les mêmes circonstances, les agents des douanes peuvent faire valoir leur droit de communication.

B- Droit de communication propre aux agents des douanes

L'art. 76 CD reconnaît aux agents des douanes ayant au moins le grade de contrôleur, au chef de bureau, aux receveurs et aux officiers des

---

[64] C. Cass 15.10.90, PEREZ cité dans cours contentieux, Ecole nationale des brigades des douanes, *op cit.*, p. 63.

douanes, le pouvoir d'exiger la communication des papiers et documents de toute nature relatifs aux opérations intéressant leur service. Au cours des contrôles et des enquêtes opérés chez les personnes ou sociétés concernées (1), les agents des douanes ci-dessus désignés peuvent lors du déroulement de la communication (2), procéder à la saisie des documents de toute nature (comptabilité, factures, copies de lettres, carnets de chèques, traites, comptes de banque, etc.) propres à faciliter l'accomplissement de leur mission.

1- Personnes assujetties au droit de communication

Les documents relatifs aux marchandises de fraude peuvent être recherchés en vertu de l'article 76 CD :

- dans les gares de chemin de fer (lettres de voiture, factures, feuilles de chargement, livres, registres, etc.) ;

- dans les locaux des compagnies de navigation maritime et fluviale et chez les armateurs, consignataires et courtiers maritimes (manifestes de fret, connaissements, billets de bord, avis d'expédition, ordres de ivraison, etc.) ;

- dans les locaux des compagnies de navigation aérienne (bulletins d'expédition, notes et bordereaux de livraison, registres de magasins, etc.) ;

- dans les locaux des entreprises de transport par route (registres de prise en charge, carnets d'enregistrement des colis, carnets de livraison, feuilles de route, lettres de voiture, bordereaux d'expédition, etc.) ;

- dans les locaux des agences, y compris celles dites de transport apide, qui se chargent de la réception, du groupage, de l'expédition par tous les modes de locomotion (fer, route, eau, air) et de la livraison de tous colis (bordereaux détaillés d'expéditions collectives, récépissés, carnets de livraison, etc.) ;

- chez les commissionnaires ou transitaires ;

- chez les concessionnaires d'entrepôts, docks et magasins généraux registres et dossiers de dépôt, carnets de warrants et de nantissements, registres d'entrée et de sortie des marchandises, situation des marchandises, comptabilité matière, etc.) ;

- dans les établissements bancaires ;

- et, en général, chez toutes les personnes physiques ou morales directement ou indirectement intéressées à des opérations régulières ou irrégulières relevant de la compétence de l'administration des douanes.

La notion de document doit être entendue dans son sens le plus large. Elle couvre tout support d'information relatif à l'activité professionnelle de l'entreprise. « [Le code des douanes permet à l'administration des douanes d'obtenir la communication des papiers dont la tenue est obligatoire. C'est ainsi que la centralisation des écritures au grand-livre général des comptes implique nécessairement la tenue des journaux auxiliaires, documents dont l'administration peut exiger communication »[65]. En effet, en dehors du support papier (livres, registres, factures, correspondances...), les documents peuvent aussi se rapporter aux supports magnétiques ou une donnée qui, contenue dans un ordinateur, peut être imprimée. Dans l'affaire Funke[66], le juge a décidé que l'obligation de communication ne se restreint nullement aux pièces que l'assujetti détient à son domicile ou sur sa personne. Il suffit que celui-ci ait la possession de ces pièces, soit directement, soit par l'intermédiaire d'autrui. De même, « les documents demandés doivent être de nature à contenir les renseignements concernant les opérations régulières ou irrégulières dont le contrôle est de la compétence de l'administration des douanes. Peu importe que ces documents ne se trouvent pas sur le territoire national »[67].

Par contre, la marchandise elle-même ne constitue pas un document ainsi que l'a décidé le juge[68] dans l'affaire CA Paris 15 février 1990 Yoko. Il a en effet retenu que la « saisie du téléviseur par les agents des douanes, dans le but de prouver la fausse indication d'origine, ne peut être considérée comme la remise volontaire d'un document. La saisie de l'appareil ne peut donc être effectuée sur le fondement de l'article [76 CD ».

Le droit de communication propre à l'administration des douanes doit être pris dans son sens le plus large. Ainsi, les agents des douanes peuvent l'exercer à l'encontre d'une personne faisant l'objet d'une

---

[65] C.Cass, 7 juin 1993, HASSOLIN in cours contentieux, Ecole nationale des brigades des douanes (ENBD), *op cit.* p. 65.
[66] Cas. Crim 21 novembre 1983 FUNKE, in cours contentieux, (ENBD, *ibid.* p. 65.
[67] Casss. Crim. 11 avril 1988, CALOGERO, in cours contentieux, (ENBD, *ibid.*, p. 66.
[68] Cité par V. CARPENTIER, *Guide pratique du contentieux douanier, op cit.*, p.37.

enquête douanière comme vis-à-vis d'une personne qui n'est pas visée par une telle enquête.

Le droit de communication doit s'exercer de manière à ne pas perturber les activités de l'entreprise contrôlée.

2- Le déroulement de la communication

Aux termes de la circulaire n° 010/MINFI/DGD du 17 septembre 2008 modifiant et complétant la circulaire n° 04/454/MINFIB/DD portant modalités d'exercice des contrôles douaniers après enlèvement des marchandises, les membres de la mission de contrôle jouissent dans le cadre de leurs attributions, d'une totale indépendance vis-à-vis des organismes contrôlés et disposent de tous les pouvoirs d'investigation prévus par la loi, notamment à travers le droit de communication énoncé à l'article 76 du code des douanes. À cet égard, ils sont habilités à :

- demander et se faire présenter, contre décharge et pour examen, tous les documents nécessaires à l'accomplissement de leur mission. Ces documents sont restitués, selon la même procédure, à l'organisme contrôlé dès la fin des opérations de contrôle.

Le texte est cependant muet sur les conditions de remise des documents qui peuvent par ailleurs être saisis ou faire l'objet de copie au profit de la douane. En effet, un usager est-il contraint de remettre les documents ou doit-il le faire de son gré ?

La réponse à la question peut être nuancée. Dans l'affaire Chajmowicsz[69], la Cour de cassation a estimé que la remise des pièces doit être spontanée et librement consentie. Le fait de remettre un portefeuille à des agents des douanes en vertu du droit de communication à l'intérieur d'un domicile privé ne peut être considéré comme un acte de communication volontaire des documents qui se trouvent à l'intérieur du portefeuille et dont l'existence est ignorée de tous.

Un usager qui refuse de communiquer un document à la douane s'expose aux sanctions qui répriment les oppositions aux fonctions. Mais la sanction ne résout pas le problème de document que les douaniers n'ont pas pu obtenir. Dans certaines législations et indépendamment de la sanction, les contrevenants sont condamnés à présenter les livres, pièces ou documents non communiqués sous astreinte qui correspond à une somme donnée, à payer par jour de retard. Dans cet esprit, l'article 416

---

[69] Cass. Crim. 15 octobre 1984 in cours contentieux ENBD, *op.cit.*, p. 66.

CD dispose que les contrevenants doivent être condamnés à représenter les livres, pièces ou documents non communiqués sous une astreinte de 100.000 francs au minimum par chaque jour de retard. Cette astreinte commence à courir du jour même de la signature par les parties ou de la notification du procès-verbal dressé pour constater le refus d'exécuter le jugement régulièrement signifié ; elle ne cesse que le jour où il est constaté, au moyen d'une mention inscrite par un agent de contrôle sur un des principaux livres de la société ou de l'établissement, que l'administration a été mise à même d'obtenir la communication ordonnée.

- Accéder à toutes les données informatiques nécessaires à l'accomplissement de leur mission ;

- accéder aux immeubles, locaux et propriétés ayant un lien avec l'entité contrôlée ;

- procéder à toutes vérifications portant sur les écritures financières, comptables et commerciales ;

- se faire présenter le courrier officiel, ordinaire, confidentiel, ou secret ;

- adresser des demandes d'informations écrites ou verbales aux responsables des services contrôlés qui sont tenus d'y répondre dans les mêmes formes ;

- requérir en cas de besoin la force publique.

La circulaire susvisée précise aussi que le droit de communication particulier reconnu à l'administration des douanes est assorti du pouvoir de saisie des documents propres à la manifestation de la preuve.

En effet, au cours de leurs investigations, les agents des douanes peuvent effectuer un prélèvement d'échantillons aux fins d'analyse ou d'expertise. Ils peuvent aussi procéder à la retenue des documents pour les besoins d'enquête ou en prendre copie. Ni le secret professionnel ni le secret bancaire ne leur sont opposables. La jurisprudence[70] est d'ailleurs constante en la matière. Ainsi, dans l'affaire Poulain[71], le juge décida qu'« attendu (…) que [le] code des douanes permet à cette administration d'exercer son droit de communication à l'occasion de toutes opérations

[70] Cité par V. CARPENTIER, *op cit.*, p. 37.
[71] Cass. crim., 30 janvier 1975, Poulain[71] bull. crim. N° 36.

régulières ou irrégulières pourvu que ces opérations, comme c'est le cas en l'espèce, relèvent de la compétence des services des douanes et que les documents réclamés soient propres à faciliter l'accomplissement de sa mission ; que dans ces conditions, aucune des personnes visées par ce texte ne saurait opposer à l'administration le secret professionnel … ». Ainsi, le directeur d'une banque doit communiquer aux agents des douanes s'ils en font la demande, la liste des locataires des coffres-forts sans leur opposer le secret bancaire.

Toutefois, les agents qui opèrent des contrôles sont astreints à l'obligation de réserve, de discrétion professionnelle et de courtoisie. Ils doivent par ailleurs exécuter leur contrôle dans les conditions qui garantissent le fonctionnement régulier de l'entité contrôlée et doivent s'abstenir de s'immiscer dans la gestion courante de l'entreprise.

Sur un autre plan, le code des douanes ne prévoit pas l'intervention de l'autorité judiciaire ni préalablement à l'exercice du droit de communication et de saisie des documents au profit de l'administration douanière ni au cours des contrôles, par l'organisation d'un recours éventuel devant elle.

Néanmoins, face à un requérant qui s'inquiétait de l'absence des dispositions spécifiques organisant l'assistance du prévenu par un avocat, alors même que ses déclarations et éventuels aveux sont consignés dans les procès-verbaux dont le juge ultérieurement saisi sera obligé de tenir compte, le Conseil constitutionnel[72] a répondu que, si le code des douanes ne prévoit pas l'assistance d'un avocat, il ne la prohibe pas non plus. Dans la même perspective, la Cour de cassation[73] a précisé que le droit de communication ne confère pas aux agents des douanes un pouvoir général d'audition. En effet, l'objet des dispositions relatives au droit de communication n'est pas forcément d'interroger la personne auprès de laquelle ce droit s'exerce. Cette personne n'est d'ailleurs pas toujours un prévenu.

C- Pouvoir d'interrogatoire

L'article 308 (1) CD dispose que les résultats des contrôles opérés dans les conditions prévues à l'article 76 ci-dessus et, d'une manière

[72] Décision 2011-214 QPC du 17 janvier 2012 ; www.conseil-constitutionnel.fr/.../commentaire.104631.html

[73] CC 08 octobre 2002, www.conseil-constitutionnel.fr/.../commentaire.104631.html

générale, ceux des enquêtes et interrogatoires effectués par les agents des douanes sont consignés dans les procès-verbaux de constat. Ce texte prévoit explicitement les possibilités d'interrogatoires. Si le texte reste muet sur les personnes assujetties et à la procédure à suivre, on peut néanmoins conclure que le pouvoir d'interrogatoire peut s'exercer à l'égard des prévenus, des témoins ou de toute autre personne même étrangère à la fraude, mais dont les avis peuvent éclairer l'enquêteur. L'interrogatoire n'est normalement utilisé que lors de l'instruction préparatoire et non de simple police. En d'autres termes, l'interrogatoire dont il s'agit ici « ne permet en droit commun comme en droit douanier, que de simples auditions des personnes capables d'apporter des éléments intéressants pour l'enquête. On peut entendre n'importe quelle personne quelle que soit sa qualité (…) elle ne prête pas serment et ne court aucun risque d'être poursuivie ultérieurement pour faux témoignage. Il va de soi que l'audition doit être conduite suivant le principe de plus stricte loyauté[74] ».

Pendant l'interrogatoire, les agents des douanes doivent s'entourer de toutes les précautions requises puisqu'il s'agit ici d'une procédure qui nécessite la retenue des personnes. Les mêmes précautions doivent être observées en matière de livraison surveillée.

D- Pouvoir en matière de livraison surveillée

La livraison surveillée est une technique d'enquête qui permet de laisser passer certains envois de stupéfiants ou d'autres substances illicites du même type, par le territoire d'un ou de plusieurs États. L'objectif est d'identifier le plus grand nombre possible de personnes qui participent à la transaction et de faciliter l'arrestation des véritables cerveaux du gang, et non pas seulement de petits intermédiaires, qui trop souvent, ne sont que de simples facilitateurs sans envergure.

La base légale des livraisons surveillées au Cameroun est la loi n° 2004/026 du 30 décembre 2004 portant loi de finances de la République du Cameroun pour l'année 2005. En effet, afin de constater les infractions douanières d'importation, d'exportation ou de détention de substances ou de plantes classées comme stupéfiants au sens de la loi n° 97-19 du 07 août 1997, d'identifier les auteurs ou complices de ces infractions ainsi que ceux qui y ont participé comme intéressés au sens de l'article 387 du code des douanes et d'effectuer les saisies prévues par le

[74] BERR et TREMEAU, *op. cit.*, p. 517.

code des douanes, les agents des douanes peuvent, après accord du procureur de la République territorialement compétent, sur la base de l'article 121 de la loi susvisée, procéder à la surveillance de l'acheminement de ces substances ou plantes. L'autorisation du procureur est suffisante et la surveillance de la livraison ne nécessite plus aucune autre formalité.

Les agents des douanes ne sont pas pénalement responsables lorsque, aux mêmes fins, avec l'autorisation du procureur de la République et sous son contrôle, ils acquièrent, détiennent, transportent ou livrent ces substances ou plantes ou mettent à la disposition des personnes les détenant ou se livrant aux infractions douanières susmentionnées, des moyens à caractère juridique, ainsi que des moyens de transport, de dépôt et de communication.

L'autorisation du procureur de la République est fondamentale, car elle garantit la régularité de l'opération et la préservation des droits et libertés des tiers. Dans l'affaire Ermis[75], le juge a décidé que « lorsque les agents des douanes sont amenés à mettre à la disposition des [prévenus] des moyens de caractère juridique ainsi que des moyens de transport, de dépôt et de communication [ils] ne peuvent, sans commettre un excès de pouvoir viciant la procédure, procéder à de tels actes qu'avec l'autorisation formelle des autorités judiciaires ». Cependant, « le demandeur ne saurait se faire un grief de ce que, selon lui, les agents des douanes auraient procédé à une livraison contrôlée, au sens du code des douanes, sans autorisation judiciaire préalable, dès lors que cette autorisation, qui n'est prévue par la loi que pour exempter les fonctionnaires de leur responsabilité pénale à raison de leur participation à des infractions à la législation sur les stupéfiants, est sans incidence sur la régularité de la procédure [76] ».

L'autorisation ne peut être donnée que pour les actes ne déterminant pas la commission des infractions liées au trafic des stupéfiants ou des substances qui sont utilisées pour la fabrication des produits stupéfiants ainsi que des matériels servant à cette fabrication. Les agents des douanes doivent se servir loyalement de ces autorisations reçues et ne pas pousser la personne suivie à la faute, en vue de justifier la répression de l'acte incriminé. Cette position a été réaffirmée par la jurisprudence en des

---

[75] Cass. crim., 26 septembre 1995, ERMIS, Rev. Sc. crim. janvier -mars 1996, p. 139 Bull. Crim. n° 283

[76] Cass. crim. 1er avril 1998, YENI – SATORI.

termes plus précis. « L'autorisation de procéder à une livraison contrôlée prévue par (…) le code des douanes, qui ne peut être donnée que pour des actes ne déterminant pas la commission des infractions visées [par la loi], ne crée pas de présomption de régularité de la procédure. La provocation à l'infraction par un agent de l'autorité exonère le prévenu de sa responsabilité pénale lorsqu'elle procède de manœuvres de nature à déterminer les agissements délictueux, portant ainsi atteinte au principe de la loyauté des preuves[77] ».

Cette activité suffisamment dense emporte pour les agents des douanes, des prérogatives particulières, sans lesquelles certains de leurs pouvoirs, du reste exorbitants, ne seraient qu'une coquille vide.

Paragraphe III. Les prérogatives des agents des douanes

L'art. 62 CD dispose que les agents des douanes sont sous la sauvegarde spéciale de la loi. Il est défendu à toute personne de les injurier, de les maltraiter ou de les troubler dans l'exercice de leurs fonctions ou de s'opposer à cet exercice.

Par ailleurs, les autorités civiles et militaires sont tenues, à la première réquisition de leur prêter main-forte dans l'accomplissement de leur mission. Enfin, ils ont droit au port d'armes qu'ils ne peuvent utiliser que dans des conditions prévues par la loi.

En matière de recherche de la fraude, les agents des douanes ont des pouvoirs très étendus. Cet arsenal a pour but ultime de mettre l'agent des douanes dans les conditions idéales de l'exercice de ses fonctions. En effet, le travail du douanier le met en travers de la route des malfaiteurs qui sont souvent dotés de moyens redoutables qui leur auraient permis d'accomplir sans difficulté leurs sales besognes, s'ils n'avaient pas en face d'eux un dispositif spécial en termes de moyens matériels et humains, mais surtout en termes de moyens juridiques. Il est bon de rappeler que l'objectif recherché *in fine* est la préservation des intérêts du trésor et une meilleure protection du citoyen, par la lutte contre la fraude douanière et contre le commerce illicite.

Toutefois, le code des douanes de la CEMAC garde encore dans ses dispositions, des moyens de répression excessifs qui sont de mon point de vue, obsolètes au regard de l'évolution démocratique des pays africains et du souci de mieux en mieux affirmé de la protection des

[77] Cass. Crim. 5 mai 1999, ACHILLI, PROIETTI, SINI ; Juris Classeur Droit pén.

droits de la personne humaine. De même, certaines de ces dispositions doivent être reprécisées en vue de tenir compte de l'environnement international actuel marqué par l'entrée en scène de nouvelles formes de criminalité qui interpellent la douane, notamment la cybercriminalité et le terrorisme.

Le travail de la douane doit en tout état de cause se faire dans le respect des libertés individuelles et du droit de la défense. Pour cela, et pour éviter de sanctionner les innocents, les infractions doivent être prouvées et constatées.

Section II- Les actes de constatation des infractions : les procès-verbaux

Constater une infraction douanière revient à en réunir les éléments dans un procès-verbal. Deux types de procès-verbaux sont prévus à cet effet par le code des douanes : le procès-verbal de constat (Paragraphe III) et le procès-verbal de saisie (Paragraphe II). Chacun des actes est utilisé dans des cas bien précis et a son régime juridique propre (Paragraphe I). Ces procès-verbaux, dont la force probante n'est plus à démontrer, doivent être rédigés suivant des règles très rigides dont la non-observation peut entraîner leur invalidation par le juge.

Paragraphe I. Le régime général des procès-verbaux (PV)

Les procès-verbaux de douane régulièrement rédigés par des personnes désignées à cet effet (C) conservent une force probante qui ne peut être détruite que dans des conditions précises (A). Les juges ne peuvent dès lors prononcer leur nullité que sur la base des arguments rigoureusement encadrés par le code des douanes (B).

A- La force probante des procès-verbaux

Les procès-verbaux régulièrement dressés par deux agents des douanes font foi jusqu'à inscription de faux des constatations matérielles qu'ils relatent (article 310- 1 CD). Les constatations matérielles dont il s'agit ici sont celles qui ont été personnellement faites par l'agent verbalisateur lui-même, en faisant usage de ses sens. Les constatations faites par des tiers et rapportées par la suite aux agents ne sont pas prises en compte. « Les déductions intellectuelles faites à partir de constatations matérielles ainsi que la consignation des impressions personnelles des agents n'ont aucune force probante particulière. Ne sont pas des constatations matérielles, les seules références à des procès-verbaux antérieurs »[78].

« La jurisprudence considère en particulier comme relatant des faits matériels, les constatations suivantes : les constatations opérées par la vue (le nombre de fraudeurs, le fait qu'ils marchent en bande, qu'ils sortent d'une maison, l'emplacement d'une saisie…) ; les constatations par l'ouïe (identité déclinée par un fraudeur, le fait de témoigner ou de passer des aveux) ; constatation par l'odorat ou le toucher de la nature d'une marchandise (du tabac, du café en poudre…) ; constatation des suites d'une dégustation (eau de vie déclarée ou vin par exemple) ; constatation des résultats d'une opération matérielle (nombre de colis, (…), la mesure d'une coupe de tissu…) »[79].

La force ainsi due aux procès-verbaux signés de deux agents ne couvre que les constatations matérielles. En dehors de ces aspects, les procès-verbaux ne font foi que jusqu'à la preuve contraire notamment de l'exactitude et de la sincérité des aveux et déclarations qu'ils rapportent (art. 310-2 CD).

Rédigés par un seul agent, les procès-verbaux ne font foi que jusqu'à la preuve contraire. Aux termes de l'article 311-2 CD, la preuve contraire ne peut être rapportée en matière d'infraction constatée par procès-verbal de constat à la suite d'un contrôle d'écritures, qu'au moyen de documents de date certaine antérieure à celle de l'enquête effectuée par les agents verbalisateurs.

Cependant, la loi camerounaise 2007/0005 du 26 décembre 2007 a du procès-verbal une attitude à tout le moins curieuse. Une analyse de l'article cinquième du chapitre deuxième de ce texte laisse penser que le procès-verbal peut être contesté par un recours à la hiérarchie de l'autorité ayant constaté l'infraction. Selon ce texte en effet, « les recours contre les contestations du service sont recevables aux conditions ci-après : le procès-verbal contesté doit être signé avec des réserves explicites. Le recours adressé à la hiérarchie doit reprendre point par point les différentes constatations, en y opposant à chaque fois, des arguments ou preuves contraires ». Une telle position est incompréhensible et devrait très rapidement être abandonnée. Elle semble

---

[78] Cass.com. 14 mai 1985 in cours contentieux ENBD, *op.cit.*, p. 108.
[79] *Guide du contentieux douanier*, *op. cit.*, p. 67.

perdre de vue le fait que le procès-verbal est un acte de constatation et non un acte de procédure.

Les procès-verbaux constituent le socle du contentieux douanier et l'élément fondamental sur lequel sont assises les poursuites. Leur nullité peut entraîner celle de toute la procédure subséquente et la relaxe du prévenu.

B- La nullité des procès-verbaux

Il est de principe qu'il n'y ait pas de nullité sans texte. Aussi, des cas de nullité qui peuvent entacher les procès-verbaux de douane sont-ils prévus par le code des douanes lui-même. Dans ce contexte, les tribunaux ne peuvent admettre contre les procès-verbaux de douane, d'autres nullités que celles résultant de l'omission des formalités prescrites par les articles 299 (1), 300 à 306 et 308 du code des douanes (art. 312 CD). « Si les formalités indivisibles telles que la signature, la date ou la qualité des rédacteurs ont été omises, il va de soi que la nullité atteindra l'existence même du procès-verbal »[80]. Toutefois, « les nullités sont de droit étroit et doivent être restreintes aux cas pour lesquels elles ont été particulièrement établies ; elles ne sauraient réfléchir sur les parties du procès-verbal non contestées »[81] ; en d'autres termes, l'existence d'un cas précis de nullité n'implique pas forcément la nullité de tout le procès-verbal.

La jurisprudence, de manière constante, épargne les aspects du procès-verbal que l'irrégularité n'a pas totalement entachés. Par exemple, l'assistance d'un interprète au stade d'une enquête n'est pas une formalité prescrite par la loi à peine de nullité. Il suffit que la personne interrogée l'ait été dans une langue qu'elle comprend[82]. La nullité d'une visite domiciliaire ne prive pas cependant d'autorité les constatations antérieures et postérieures à cette visite, qui sont rapportées dans le même procès-verbal[83]. De même, la jurisprudence considère que les indications recueillies conformément à la loi demeurent valables lorsqu'elles suffisent pour révéler l'existence d'une infraction[84]. Les procès-verbaux annulés ou ses aspects frappés de nullité perdent toute

---

[80] BERR (Claude J.), TREMEAU (H), *Le droit douanier*, *op cit.*, p. 535.
[81] Réglementation douanière de la CEMAC, *op cit.,* p. 481.
[82] Cass. crim. 3 février 1992 BRENNER.
[83] Cass. crim. 5 janvier 1966.
[84] Cass. Crim 22 mai 1957.

autorité et obligent l'administration à faire la preuve par les voies de droit commun ou à travers les présomptions.

Les procès-verbaux régulièrement dressés par deux agents des douanes, faut-il le rappeler, font foi jusqu'à inscription de faux des constatations matérielles qu'ils relatent. Celui qui veut s'inscrire en faux contre un procès-verbal rédigé par des agents des douanes est tenu d'en faire la déclaration par écrit, en personne ou par un fondé de pouvoir spécial passé devant notaire, au plus tard à l'audience indiquée par la sommation de comparaître devant le tribunal qui doit connaître de l'infraction. « Cette déclaration doit être faite non, pour la première fois, en cour d'appel, mais devant le tribunal appelé à connaître de l'infraction et ce, avant toute défense au fond »[85]. Ne répond pas à ces exigences, la déclaration faite de son propre chef par le conseil d'un prévenu, lui-même absent le jour de l'audience et au moment où l'affaire a été appelée, lequel prévenu aurait ensuite tenté vainement de régulariser l'acte présenté en son nom en y apportant ultérieurement sa propre signature[86]. En revanche, si le demandeur prouve la fausseté des constatations matérielles des agents des douanes, ceux-ci peuvent être poursuivis pour faux en écriture publique.

De même, en vue d'annuler un procès-verbal, les juges ne peuvent pas écarter les aveux d'un prévenu, consignés dans ce document, contre lequel la preuve contraire n'a pas été rapportée[87]. Pour renvoyer le prévenu des fins de la poursuite et rejeter l'action fiscale de l'administration, l'arrêt attaqué, qui se borne à énoncer que « compte tenu des protestations d'innocence du prévenu, il existe un doute sur l'existence de l'infraction », n'apporte aucun élément de nature à faire échec à la force probante du procès-verbal des douanes du 11 janvier 1991, base de la poursuite[88].

La force probante reconnue aux procès-verbaux de douane tire en partie sa légitimité de la qualité des personnes que la loi a désignées pour les rédiger.

---

[85] Cass. Crim. 6 mars 1989 in cours contentieux ENBD, *op.cit.*, p.109.
[86] Cass. Crim. 22 octobre 1984, SCHULIAR. Cité dans cours contentieux, END, 1998P. 11.
[87] Cass. Crim. 18 décembre 1969, in cours contentieux ENBD, *op.cit.*, p.109.
[88] Cass. Crim. 28 mars 1994, MOREAU.

C- Les personnes habilitées à rédiger le procès-verbal

Les infractions aux lois et règlements douaniers sont constatées par les agents des douanes. Toutefois, les agents d'autres administrations peuvent procéder à la saisie des marchandises de fraude (article 298 CD).

La notion d'agent des douanes (agent des douanes investi du pouvoir de constatation des infractions douanières) doit être interprétée de manière large. En gros, il doit s'agir des agents porteurs d'une commission d'emploi attestant qu'ils ont prêté serment. Il n'est pas nécessaire qu'ils soient revêtus de leurs uniformes ou de quelques insignes de leur fonction, il n'est pas non plus utile qu'ils agissent à l'intérieur de leur pantière[89]. Il suffit seulement qu'ils soient en mesure d'exhiber leur commission d'emploi si les tiers en font la demande. Dans la pratique, les auxiliaires d'administration et les temporaires ne peuvent prêter serment et par suite prétendre à la commission d'emploi. Seuls les agents des douanes peuvent par contre rédiger les procès-verbaux de douane à l'exclusion des agents des autres administrations.

Par ailleurs, l'étendue des prérogatives des agents des douanes en matière d'investigation et de constatation de l'infraction varie suivant l'importance de leur grade ou de leur fonction. Ainsi, seuls les agents ayant le grade d'inspecteur, de contrôleur ou d'officier, les chefs de bureau et receveurs des douanes peuvent mener les investigations dans les écritures, exiger communication des documents et par suite constater les infractions qui en découlent.

Le code des douanes permet aux autres fonctionnaires de procéder à la constatation des infractions douanières. C'est ce qui ressort explicitement de l'article 298 (3) CD qui dispose que « les constatations effectuées par les agents d'autres administrations peuvent être admises par le service des douanes… ». Généralement, une telle extension concerne les fonctionnaires de police, de gendarmerie ou des eaux et forêts qui ont souvent affaire aux infractions douanières à l'occasion de leur activité normale de recherche des infractions de droit commun. Ces fonctionnaires procèdent à des constatations suivant les usages et procédures particuliers à leurs métiers respectifs. En plus, le service de

---

[89] Cass, crim. 11 février 1825, DP 1825, I, 213.
La loi n'impose pas de limite territoriale à l'exercice au droit de constater les infractions douanières ; en particulier les agents des douanes peuvent agir en dehors de leur circonscription d'affectation. « Réglementation douanière CEMAC », *op. cit.*, p. 474.

douane peut admettre à titre de preuve, des renseignements, certificats procès-verbaux et autres documents fournis ou établis par les autorités des pays étrangers (art. 317 CD).

Pour faire autorité, les procès-verbaux doivent être rédigés suivant des formes établies. Ces règles sont parfois communes aux deux types de procès-verbaux (PV de saisie et PV de constat).

Paragraphe II. Le procès-verbal de saisie

Le procès-verbal de saisie est le mode normal de constatation des infractions douanières. Il est toujours recommandé dans les cas où le code des douanes n'a pas expressément prescrit le recours au procès-verbal de constat (A), et notamment en cas d'infractions flagrantes. La rédaction du procès-verbal de saisie (C) doit être entourée des précautions qui lui garantissent toute sa solennité (B).

A- L'utilisation du procès-verbal de saisie

Le procès-verbal de constat ne peut être rédigé que dans les cas limitativement énumérés dans le code des douanes. On peut en conclure que le procès-verbal de constat est un mode exceptionnel de constatation des infractions douanières et que par conséquent, le mode normal pour cela est le procès-verbal de saisie qui doit être rédigé en toute autre hypothèse.

Dans la pratique, le procès-verbal de saisie est confectionné pour constater les infractions flagrantes, même non assorties de saisie. Le terme procès-verbal de saisie ne doit pas tromper et laisser croire qu'il n'est rédigé que lorsqu'il s'accompagne de retenue de marchandise ou de moyens de transport. Il est mis en œuvre par exemple dans les cas d'opposition à fonctions qui ne sont pas toujours doublés de saisie d'objet. Un procès-verbal de saisie peut aussi être valablement établi en lieu et place d'un procès-verbal de constat, notamment lorsqu'à la suite d'une infraction flagrante, l'interrogatoire du prévenu permet de recueillir l'aveu ou la preuve d'autres infractions, même s'il n'est pas suivi d'une saisie de marchandises.

Le respect rigoureux des règles de rédaction du procès-verbal est le gage de sa force et de son autorité.

B- Formalités préalables à la rédaction du PV de saisie

Le procès-verbal de saisie doit impérativement comporter certaines informations et répondre à certaines formalités substantielles dont le non-accomplissement ou l'accomplissement irrégulier peut vicier la procédure et entraîner l'annulation de cet acte. Lors de la découverte de l'infraction, le saisissant doit impérativement déclarer la saisie au prévenu (1), juger, le cas échéant, de l'opportunité de la rédaction du PV (5), bien identifier le lieu et le moment de la rédaction du PV (2), offrir la mainlevée des moyens de transport (3), et s'assurer de la garde de la marchandise.

1- Déclarer la saisie au prévenu

Elle est indispensable parce qu'elle donne à celui qui en est notifié la qualité de saisie. Il lui reviendra le moment venu d'apporter la preuve de non-contravention. La déclaration de saisie doit être faite à haute et intelligible voix au prévenu lui-même, qu'il soit en fuite, absent ou inconnu. Au moment de la découverte de la fraude, les agents verbalisateurs déclarent au prévenu qu'ils vont dresser le PV en le sommant d'assister à la description des objets saisis et à la rédaction desdits PV. La présence du prévenu est nécessaire lors des opérations de description des objets saisis et de rédaction du procès-verbal pour leur donner tout leur caractère contradictoire. La description des marchandises saisies doit être la plus précise possible et la présence du prévenu lors de cette formalité doit être mentionnée dans le procès-verbal.

2- Bien identifier le lieu et le moment de la rédaction du PV

Le lieu privilégié de la rédaction du PV est le bureau des douanes le plus voisin du lieu de la saisie. Comment pouvait-il en être autrement dès lors que les marchandises saisies sont conduites et déposées dans le bureau le plus proche du lieu de la saisie. Toutefois, le code des douanes reconnaît que le procès-verbal peut valablement être rédigé au lieu du dépôt des objets saisis, au lieu de la constatation de l'infraction, au siège de la brigade de gendarmerie, au poste de police, au bureau d'un fonctionnaire des finances ou à la mairie du lieu (art. 299 -3 CD). Lorsque la saisie a lieu dans une maison, le procès-verbal peut y être valablement rédigé, dans ce cas, l'officier municipal, l'officier de police judiciaire, le représentant de l'autorité régionale ou locale ou le chef de village intervenus dans les visites domiciliaires doivent assister à la rédaction du procès-verbal. S'ils le refusent, mention de leur réquisition et de leur refus doit être faite dans le PV pour donner à celui-ci toute sa régularité.

Les agents qui ont constaté l'infraction doivent rédiger le PV sans divertir à d'autres actes et au plus tard, immédiatement après le transport et le dépôt des objets saisis. Le juge considère comme ayant été rédigé sans divertir à d'autres actes, le procès-verbal dont la rédaction n'a été interrompue que par suite des diverses opérations nécessitées pour son exécution[90]. Le but recherché par la célérité dans la rédaction des PV est la sauvegarde des libertés individuelles et d'une manière générale, la protection des droits de la défense. Dans l'affaire Millière, le juge l'a expressément reconnu quand il déclare que « la nullité tirée de l'inobservation par l'administration des douanes de l'obligation de procéder sans divertir [à d'autres actes ...], ne saurait être prononcée qu'autant qu'il est constaté une atteinte aux droits de la défense »[91].

3- Offrir la mainlevée des moyens de transport

L'article 301 CD dispose que lorsque les marchandises saisies ne sont pas prohibées, il est offert mainlevée des moyens de transport sous caution solvable ou sous consignation de la valeur ; cette offre ainsi que la réponse sont immédiatement mentionnées au procès-verbal. La douane peut également accorder une mainlevée des marchandises non prohibées pourvu qu'elles aient été saisies à domicile et qu'ait été fournie caution solvable de leur valeur.

On peut constater pour le regretter que le législateur ait soumis la marchandise de fraude et les moyens de transport à la même rigueur. En effet, le moyen de transport devrait bénéficier d'un traitement de faveur dans la mesure où son propriétaire n'est pas forcément concerné par l'entreprise de fraude. Dans cette perspective, la mainlevée devrait être accordée sans caution ni consignation au propriétaire qui a conclu le contrat de transport, de location ou de crédit-bail le liant au contrevenant conformément aux lois et règlement en vigueur et selon les usages de la profession.

---

[90] Cass. Crim. 16 octobre 1958, cours polycopié contentieux douanier, Ecole nationale des brigades des douanes de La Rochelle, avril 1998, *op cit.*, p. 110.

[91] Cass. Crim 3 novembre 1982, MILLIERE, cours polycopié Contentieux douanier, Ecole nationale des brigades des douanes de La Rochelle, avril 1998, p. 110.

4- S'assurer de la garde de la marchandise

Les marchandises saisies doivent être gardées de manière à prévenir non seulement les risques de distraction, mais aussi de détérioration. C'est pour cela qu'il est nécessaire de les placer sous la responsabilité d'une personne ou d'une institution précise qui en assure la garde. En effet, les marchandises et les moyens de transport saisis ou les objets saisis à domicile (pour celles qui sont prohibées ou pour celles qui ne sont pas prohibées et dont la mainlevée sous caution aura été proposée sans suite au prévenu), sont conduits et déposés au bureau ou poste des douanes le plus proche du lieu de la saisie. Les agents des douanes régulièrement habilités ou désignés par le service doivent en assurer la garde sous leur responsabilité propre.

Les marchandises saisies peuvent valablement être laissées à la garde du prévenu ou d'un tiers sur les lieux de la saisie ou dans une autre localité si elles ne peuvent être conduites dans les services des douanes. Dans ces cas, les gardiens ont l'obligation de représenter les marchandises en cause ou de présenter leur contre-valeur à la première réquisition du service.

Le déchargement des marchandises saisies sur les navires et bateaux pontés peut ne pas avoir lieu tout de suite. Les saisissants apposent alors les scellés sur les panneaux et écoutilles des bâtiments (art. 305 CD). Ces scellés ne peuvent être rompus qu'en présence des agents des douanes qui dressent à l'occasion un procès-verbal constatant le déchargement et reprenant le nombre, les marques et les numéros des colis.

5- Juger de l'opportunité de la rédaction du procès-verbal

Il arrive que certains agents des douanes opèrent normalement des saisies de marchandises de fraude, mais oublient par négligence ou par paresse d'en dresser un procès-verbal ou alors y procèdent sans respecter scrupuleusement les règles de forme et de fond requises. Ce genre de pratique est susceptible d'exposer l'administration aux sanctions judiciaires pouvant entraîner des dommages et intérêts très élevés à payer. Quelles que soient la nature de l'infraction et la valeur de la marchandise en cause, la rédaction du procès-verbal est indispensable pour le service. La rédaction du procès-verbal est particulièrement recommandée lorsque l'affaire est suffisamment importante pour être portée en justice, si le prévenu ne peut transiger immédiatement ou s'il s'agit d'infractions douanières connexes à d'autres infractions de droit commun.

La douane peut se passer du procès-verbal en cas de saisie sur des inconnus ou sur des individus qui n'ont pas fait l'objet de poursuite en raison du peu d'importance de la fraude. À ce moment, le juge d'instance peut, à la demande sur simple requête de l'administration, prononcer la confiscation de ces objets. La douane peut également se dispenser des formalités de rédaction du procès-verbal si elle décide de passer outre l'amende en raison du caractère léger de l'infraction ou si le prévenu peut transiger immédiatement. La transaction se fait immédiatement sur la « feuille de transaction ».

Dans tous les autres cas, la rédaction du procès-verbal suivant les règles de l'art s'impose comme un impératif catégorique.

C- La rédaction pratique du procès-verbal

Pour être valable, le PV doit se soumettre à des règles de forme et de fond très rigoureuses dont le non-respect peut entraîner son annulation par le juge. En tout cas, l'article 299 (2) CD impose aux agents des douanes qui ont constaté une infraction, de procéder à la rédaction du procès-verbal sans divertir à d'autres actes. Le procès-verbal comporte des énonciations obligatoires (1) à peine de nullité et des informations permettant de mieux éclairer son lecteur (2).

1- Les énonciations obligatoires

Les procès-verbaux de saisie doivent énoncer aux termes de l'article 300 CD, les mentions suivantes à peine de nullité : la date et la cause de la saisie (a) ; la déclaration qui a été faite au prévenu (b); les noms, qualités et demeures des saisissants et de la personne chargée des poursuites (c) ; la nature des objets saisis et leur quantité ainsi que la présence du prévenu à leur description ou la sommation qui lui a été faite d'y assister (d) ; le nom et la qualité du gardien (e) ; le lieu de la rédaction du procès-verbal et l'heure de sa clôture (f).

a- La date et la cause de la saisie

La date et l'heure de la saisie ainsi que celles du début de la rédaction du PV et de sa clôture sont primordiales en ce qu'elles permettent de fixer chaque évènement dans le temps. Elles permettent de contrôler la régularité de la rédaction des PV.

Le PV doit en outre énoncer la date de sa rédaction et reprendre les faits de la cause. Sur ce plan précis, le PV doit décrire les circonstances qui ont entouré la découverte de l'infraction. Cette description doit être la plus exacte et la plus objective possible. En d'autres termes, le PV ne doit relater que les faits vérifiables sans chercher à les interpréter. Les commentaires subjectifs et les opinions des rédacteurs surtout sur la personne du prévenu sont à éviter.

Le PV doit être complet c'est-à-dire qu'il doit reprendre toutes les circonstances de la cause ; il est préférable qu'il comporte une surabondance de détails apparemment anodins plutôt que d'oublier certains faits essentiels. Les faits relatés doivent contenir en définitive tout ce qu'on a vu, entendu ou dit ainsi que la date de la saisie, le lieu de la constatation, l'acte délictueux, l'infraction commise ainsi que la déclaration qui a été faite au prévenu.

b- La déclaration qui a été faite au prévenu

Il doit être clairement mentionné dans le PV que cette déclaration a été faite à haute et intelligible voix aux prévenus et le cas échéant, aux complices. On peut dans ce sens énoncer que « nous avons déclaré à haute et intelligible voix au prévenu (présent ou absent) la saisie des marchandises et des moyens de transport décrits ci-dessus ainsi que l'arrestation de sa personne (s'il s'agit d'un délit flagrant). Nous avons informé le prévenu de ce que nous allions lui dresser le procès-verbal ». Le PV doit reprendre les noms des saisissants et de l'autorité investie du pouvoir des poursuites.

c- Les saisissants et la personne chargée des poursuites

Les saisissants doivent être désignés par leurs noms et prénoms, leur grade, leur qualité et leur résidence administrative. Le PV doit mentionner le nom du receveur poursuivant dont la résidence administrative est généralement le lieu de domiciliation de l'opération (domicile élu) ainsi que l'autorité à la requête de qui le procès-verbal est rédigé. Cette autorité est généralement le directeur national des douanes. Il doit mentionner par ailleurs la nature des objets saisis ainsi que la présence du prévenu à leur description.

d- La nature des objets saisis ainsi que la présence du prévenu à leur description

Le corps du délit doit être clairement décrit de manière à en faciliter la reconnaissance (nature des marchandises ainsi que les marques, quantités et numéros des colis). Cette description des marchandises ne doit omettre aucun détail susceptible de compromettre le calcul des droits ou l'application des pénalités encourues. Elle doit comprendre la mention de la date, du lieu et de l'heure de la saisie ; les personnes présentes à la description et surtout la mention indiquant que sommation a été faite au prévenu d'avoir à assister à la description des objets saisis et à la rédaction du procès-verbal.

Lorsque la saisie a été faite à domicile, la mention concernant la conduite de la marchandise au bureau n'est pas nécessaire. Le PV doit expressément indiquer, en cas de saisie à la suite d'une visite domiciliaire, que l'officier de police judiciaire, l'officier municipal ou le représentant de l'autorité régionale ou locale ont été, le cas échéant requis d'assister à la rédaction de l'acte ainsi que leur refus éventuel. Il doit aussi expressément donner des indications sur le gardien des marchandises saisies.

e- Nom et qualité du gardien

Lorsqu'un gardien a été constitué, ses noms et ses qualités doivent figurer dans le PV. Généralement, le dépositaire gardien doit assister à la description des marchandises. La mention du nom et de la qualité du gardien est d'autant plus nécessaire qu'elle permet à tout moment d'identifier celui qui répond de la marchandise. Le gardien doit en tout cas veiller sur la marchandise en bon père de famille et sa responsabilité peut être engagée en cas de négligence ou de dommage sur les biens saisis. Le PV doit renseigner sur le lieu de sa rédaction.

f- Lieu de la rédaction du procès-verbal et l'heure de sa clôture

Il est absolument nécessaire que soient mentionnés dans le procès-verbal le lieu et l'heure de sa rédaction. Ces éléments peuvent permettre au juge de comprendre l'enchaînement de certains événements et de contrôler la régularité de l'acte. Certaines autres informations, sans être considérées par l'article 300 du code des douanes comme obligatoires contribuent cependant à éclairer le lecteur du PV.

2- Mentions non obligatoires

Les mentions ci-dessous, sans être obligatoires de par le code des douanes, permettent une meilleure compréhension des faits relatés et rendent le PV facilement intelligible. Il s'agit par exemple de la référence aux textes violés ainsi que ceux qui répriment l'infraction (a) ; de l'identité du prévenu (b) ; des réserves émises (c) ; de la signature du procès-verbal (d), et des mentions relatives aux formalités de clôture du PV (e).

a- La référence aux textes violés ainsi que ceux qui répriment l'infraction.

Il existe dans la réglementation douanière un tableau des infractions qui facilite la recherche des articles visés dans le PV. Lorsqu'il y a cumul d'infractions, référence sera faite à tous les articles concernés.

b- L'identité du prévenu.

L'identité du prévenu comprend notamment ses noms, adresse, état civil, etc., la sanction encourue ou prononcée vise quelqu'un de précis qui doit être facilement identifiable à partir du PV.

c- Les réserves émises.

Le rédacteur du PV doit émettre des réserves consistant à prévoir légalement la possibilité de la découverte de nouvelles infractions à la charge des prévenus. Émettre des réserves revient aussi à ouvrir des possibilités de poursuites contre toutes les autres personnes pénalement ou civilement responsables que les enquêtes mettraient ultérieurement en cause (complices, intéressés à la fraude, coauteurs…)

d- La signature du procès-verbal.

La signature doit être précédée des noms des agents verbalisateurs ; elle est d'autant plus importante que c'est elle qui en définitive authentifie l'acte. Un procès-verbal non signé n'a aucune force et n'est par conséquent pas opposable au tiers. Le PV doit également, le cas échéant, comporter la signature de l'officier de police judiciaire, de l'officier municipal ou de l'autorité régionale ou locale ayant assisté à la visite domiciliaire.

e- Les formalités de clôture et les conditions de forme

La forme des procès-verbaux de saisie est déterminée par décision du secrétariat exécutif de la CEMAC. Dans tous les cas, un PV ne doit comporter ni ratures ni surcharges.

Pour clôturer le PV, il faut donner lecture de celui-ci aux prévenus présents et mention doit en être faite à ce PV. S'ils ne comprennent aucune langue officielle en vigueur dans le pays où la marchandise a été saisie, le recours à un interprète n'est pas absolument exigé. Il suffit dans ce cas « d'indiquer sur le PV le mode de communication utilisé entre le service et la personne interrogée (langue tierce, interprète non assermenté, traduction par un agent, etc.) »[92].

Le prévenu, même s'il est illettré, doit procéder à la signature du procès-verbal. Cette signature a pour effet de donner au procès-verbal un caractère contradictoire. Par conséquent, le prévenu qui ne reconnaît pas les faits allégués dans les procès-verbaux doit avoir la latitude de prendre des réserves marquant formellement sa protestation. « La liberté de prendre des réserves est d'autant plus importante que [... le code] des douanes dispose que les procès-verbaux font foi jusqu'à inscription de faux des constatations matérielles qu'ils relatent. La réserve constitue par conséquent un commencement de preuve de l'altération des faits matériels relatés dans les procès-verbaux. Par contre, une signature sans réserve emporte reconnaissance du prévenu des faits qui lui sont reprochés »[93]. Chaque prévenu doit immédiatement recevoir copie du PV qui doit être à tout point de vue conforme à l'original.

Si le prévenu est absent, la copie du PV est affichée dans les 24 heures à la porte extérieure du bureau ou du poste des douanes, à la mairie ou au siège du chef de circonscription administrative du lieu de rédaction du procès-verbal s'il n'existe dans ce lieu ni bureau ni poste de douane (art 302 -2 CD). Le prévenu est réputé absent s'il s'est retiré avant la clôture du PV et a refusé d'en recevoir copie ou s'il a refusé de signer le PV et d'en recevoir copie alors même qu'il en a reçu lecture.

Si le motif de la saisie porte sur le faux ou l'altération des expéditions, le PV énonce le genre de faux, les altérations ou surcharges. Lesdites expéditions, signées et paraphées « ne varietur » par les saisissants, sont annexées au procès-verbal qui contient la sommation faite au prévenu de les signer et sa réponse (art. 303 CD).

Les procès-verbaux rédigés à la suite d'une saisie après poursuite à vue doivent clairement indiquer que les marchandises ont été suivies sans interruption depuis leur franchissement de la frontière jusqu'au moment de leur saisie (art. 306- 3 CD).

Les procès-verbaux de douane sont dispensés des formalités de timbre et d'enregistrement (art. 309). En vue de permettre au procureur de la République d'exercer l'action publique et éventuellement l'action fiscale,

---

[92] Cass. crim 3 février 1992 BRENNER, cours contentieux END La Rochelle. p. 112.

[93] BILE ABIA (Vincent), « Le contentieux douanier et les pratiques de l'administration des douanes ivoiriennes », www.village-justice.com.

les agents verbalisateurs transmettent au parquet du tribunal, les procès-verbaux de saisie constatant les délits. Il en découle que les PV constatant les simples contraventions ne sont pas concernés, sans doute parce celles-ci ne sont pas passibles de privation de liberté.

Le procès-verbal doit être écrit en la langue officielle en vigueur dans le pays de constatation de l'infraction, en caractère correct, de manière lisible et avec une encre inaltérable. Les sommes doivent être écrites en chiffres, mais aussi en lettres, cette deuxième version faisant foi. Il ne doit être fait usage d'une abréviation autre que celle qui est consacrée par l'usage (« M. » pour Monsieur par exemple). Les surcharges, les interlignes et les additions sont, à peine de nullité pour les mots ou les phrases considérés, à éviter. Les ratures doivent être approuvées avec indication que les mots rayés sont nuls. Exemple : « quatre mots rayés nuls » si on a effectivement rayé quatre mots dans son texte.

Certaines règles sont communes à la rédaction des PV de saisie et de constat.

Paragraphe III. Le procès-verbal de constat

Le mode normal de constatation des infractions douanières, rappelons-le, est le procès-verbal. Les procès-verbaux de constat sont généralement utilisés lors des contrôles opérés dans les conditions prévues à l'article 76 CD (A). Les règles de rédaction des procès-verbaux de constat se distinguent de celles relatives au procès-verbal de saisie (B).

A- L'utilisation du procès-verbal de constat

Les procès-verbaux de constat sont utilisés pour consigner les résultats des contrôles opérés dans les conditions prévues à l'article 76 CD et, d'une manière générale, ceux des enquêtes et interrogatoires effectués par les agents des douanes (art. 308 CD).

L'art 76 CD s'empresse de préciser qu'au cours des contrôles et des enquêtes opérés chez les personnes ou sociétés visées au paragraphe 1 du présent article, les agents des douanes désignés par ce même paragraphe peuvent procéder à la saisie des documents de toute nature (comptabilité, factures, copies de lettres, carnets de chèques, traites, comptes de banque, etc.) propres à faciliter l'accomplissement de leur mission.

Ce texte ne dit pas expressément le type de procès-verbal qui permettra la saisie des documents évoqués, mais on peut logiquement penser que cette saisie sera mentionnée dans le procès-verbal de constat qui présente les résultats du contrôle au cours duquel les documents ont été retenus. Elle peut aussi tout logiquement faire l'objet d'un procès-verbal de constat distinct, en complément du premier.

Les procès-verbaux de constat sont aussi employés pour « l'enregistrement des déclarations et aveux faits par des prévenus ou témoins, lorsqu'aucune saisie de marchandise n'est opérée comme conséquence de ces aveux ou déclarations »[94].

Les règles régissant la rédaction du PV de constat sont moins contraignantes que celles relatives au PV de saisie.

Les procès-verbaux de constat énoncent la date et le lieu des contrôles et des enquêtes effectués, la nature des constatations faites et des renseignements recueillis, la saisie des documents s'il y a lieu, ainsi que les noms, qualité et résidence administrative des agents verbalisateurs. Ils indiquent, en outre, que ceux chez qui l'enquête ou le contrôle a été effectué, ont été informés de la date et du lieu de la rédaction de ce PV et que sommation leur a été faite d'assister à cette rédaction ; si ces personnes sont présentes à la rédaction, elles précisent que lecture leur a été faite et qu'elles ont été invitées à le signer.

B- La rédaction du procès-verbal de constat

Les articulations du PV de constat sont: le protocole (1) ; les noms, qualité et résidence administrative des agents verbalisateurs (2) ; la date et le lieu des contrôles et des enquêtes (3) ; la nature des constatations faites et des renseignements recueillis (4) ; l'identité des personnes contrôlées (5) ; les observations éventuelles des personnes contrôlées (6) ; la mention de la présence de la personne contrôlée lors de la rédaction du PV (7), et les formalités de clôture du PV (8).

1- Le protocole

Il comporte la date de la rédaction du PV et la désignation de l'autorité à la requête de laquelle le PV est rédigé : cette autorité est généralement le directeur national des douanes ; on dira par exemple « L'an deux mille neuf et le dix du mois de juillet. À la requête du

---

[94] *Guide du contentieux douanier*, *op cit.*, p. 65.

Directeur général des douanes camerounaises dont le bureau est à Yaoundé et en vertu des dispositions de l'article 76 du code des Douanes de la CEMAC, nous soussignés … certifions ce qui suit : … ».

2- Noms, qualité et résidence administrative des agents verbalisateurs

Les agents verbalisateurs sont en fait les rédacteurs et les signataires de l'acte. Ils doivent avoir, à peine de nullité du PV de constat, les qualités requises par l'article 76. Ils doivent à cet effet être chefs de bureau ou receveurs des douanes, ou être agents des douanes ayant le grade d'inspecteur, de contrôleur ou d'officier des douanes. Le code n'interdit pas à ceux-ci de se faire appuyer par d'autres agents des douanes de grade inférieur, mais leur signature n'est pas déterminante pour la validité de l'acte.

3- La date et le lieu des contrôles et des enquêtes effectués

Le code des douanes ne contraint pas les verbalisateurs à rédiger leur PV à un endroit précis ni dans un délai donné. Dans la pratique cependant, les agents des douanes rédigent le PV de constat dans leur bureau, sur la base des éléments et informations recueillis lors du contrôle de l'entreprise. Rien ne leur interdit donc de préparer leur acte au lieu du contrôle ou à tout autre lieu garantissant la sérénité et le recours au contradictoire qui doit entourer ce genre d'opération.

Toutefois, si la pertinence du contrôle nécessite la saisie d'un document, le procès-verbal constatant cette saisie doit être rédigé immédiatement et sur place. Il doit comporter la déclaration de saisie faite au prévenu ou la sommation de parapher les copies des documents ainsi saisis. Si le détenteur des documents refuse de les parapher, mention de ce refus est reprise dans le PV. Lorsque le service des douanes a saisi un document dont l'original n'est pas absolument nécessaire pour asseoir l'intime conviction du juge, il peut restituer cet original après en avoir pris copie. Décharge des documents restitués sera portée au pied du PV de constat par l'intéressé.

Le PV doit être rédigé au terme du contrôle qui doit lui-même se dérouler dans un délai raisonnable[95].

---

[95] Ce délai est de trois mois, aux termes de la circulaire N° 010/MINFI/DGD du 17 septembre 2008 modifiant et complétant la circulaire N° 04/454/MINFIB/DD portant modalités d'exercice des contrôles douaniers après enlèvement des marchandises. Ce délai est renouvelable une seule fois pour des raisons évidentes ou s'il est

4- La nature des constatations faites et des renseignements recueillis

Le PV doit reprendre les faits et les circonstances du contrôle ainsi que les résultats obtenus, en rapport avec les objectifs globaux du contrôle. Les missions de contrôle ont généralement pour objectifs :

- la constatation des irrégularités et entorses à la réglementation ou à la législation douanière ;
- l'appréciation de la sincérité et de la fidélité des états financiers comptables et commerciaux au regard de l'application de la législation douanière.

En effet, le PV doit mentionner en cas d'infraction, la nature des manquements constatés ainsi que les justificatifs fournis par la société à l'occasion des séances du contradictoire. Le PV doit par ailleurs indiquer s'il y a lieu, si des documents ont été saisis ainsi que la liste de ces documents. Dans ce cas, le PV doit commencer par relater les conditions matérielles dans lesquelles a été réalisée la saisie. Le PV doit ensuite comporter la description des documents saisis. Ceux-ci doivent avoir pour but de faciliter les recherches ou d'appuyer les constatations de l'administration.

S'agissant des renseignements reçus par interrogatoire, les déclarations de la personne interrogée, bien qu'elles ne soient pas déposées sous serment, pourraient faire preuve contre elle et tout renseignement donné sciemment aux agents des douanes pour couvrir les agissements d'un délinquant est susceptible d'engager sa responsabilité pénale. Il est préférable que les déclarations de l'intéressé soient présentées non sous forme de dialogue, mais en bloc après la formule « par interpellations successives, Monsieur X nous a déclaré que… ».

En ce qui concerne le contrôle d'écriture, le PV doit mentionner l'objet du contrôle ainsi que les références de l'opération dont on procède au contrôle *a posteriori*. On doit ici décrire brièvement les conditions de déroulement de contrôle.

---

manifestement constaté l'existence des pratiques dirimantes imputables à l'entreprise contrôlée ou à toute personne extérieure à l'administration.

5- L'identité des personnes contrôlées

L'identité de la personne contrôlée doit figurer dans le PV. S'il s'agit d'une personne morale, mention du nom de son représentant doit être faite dans le rapport. Cette personne est celle qui assiste le service lors des opérations de vérification et qui, le cas échéant, assiste à la rédaction du PV. Celui-ci doit donc indiquer que cette personne a été informée de la date et du lieu de la rédaction du rapport et que sommation lui a été faite d'assister à cette rédaction. « Nous avons déclaré au Sieur « X « que nous rédigerions le PV à l'endroit « Y » au moment « M », le sommant de venir assister à la rédaction de notre acte, y faire insérer ses dires et le signer ».

6- Les observations éventuelles des personnes contrôlées

Cette partie doit contenir les observations écrites ou orales de la personne contrôlée. Exemple : « Rendu au dit lieu aux jour et heure indiqués, nous y avons rédigé le présent procès-verbal en (présence ou en absence) du sieur X qui a déclaré : -- ».

7- Mention de la présence de la personne contrôlée lors de la rédaction du PV

La rédaction du PV doit laisser apparaître l'indication que la lecture de l'acte a été faite au prévenu et qu'il a été invité à le signer. « Le refus de signer le PV doit être dûment constaté par le service, après mise en demeure. Passé le délai de mise en demeure, le service procède à l'enregistrement du PV dans ses livres, à la mise en route des poursuites et autres contraintes prévues par le code des douanes, les lois et autres règlements en vigueur [96] ».

8- Formalités de clôture du PV

Elle consiste en la lecture du PV et l'interpellation faite aux intéressés de le signer. Exemple : « nous avons donné lecture du présent procès-verbal à Monsieur « X » et lui avons demandé de le signer, ce qu'il a (accepté ou refusé) de faire ». Juste avant la clôture du PV, si les intéressés sont présents, on doit les inviter à présenter leurs observations, celles-ci peuvent être données par écrit. Pour ce qui est de la clôture elle-même, le code n'impose pas à l'administration l'obligation de remettre copie du PV de constat au prévenu.

---

[96] Circulaire N° 010/MINFI/DGD du 17 septembre 2008, *op. cit.*

L'infraction est constatée dans un procès-verbal ou dans d'autres actes. Une fois l'infraction constatée, les parties peuvent convenir d'accord partie de clore administrativement le litige. Dans le cas contraire, les tribunaux peuvent être sollicités pour dire le droit. Bref, plusieurs suites peuvent être données à un litige entre l'administration douanière et le prévenu.

TITRE II

Le règlement des litiges douaniers

Il y a très souvent contentieux lorsqu'une personne, se sentant lésée, décide de poursuivre son bourreau afin de le contraindre à réparer le préjudice subi. En matière douanière, le problème se pose en des mêmes termes, sauf que les prévenus et par suite, les personnes pénalement responsables, ne sont pas toujours apparents. L'effort des tribunaux, comme de la partie poursuivante est en réalité d'identifier le coupable et d'établir l'étendue de sa responsabilité (Chapitre III) en vue de choisir la voie de règlement la plus appropriée (Chapitre IV). Cette responsabilité ne peut être établie que sur la base d'éléments de preuve qui ne sont pas toujours simples à trouver.

Chapitre III

L'imputabilité de l'infraction

Constater une infraction douanière c'est en réunir les preuves (Section) et les éléments constitutifs dans un procès-verbal. La charge de la preuve en matière douanière incombe tantôt à l'accusation, tantôt à l'accusé. Il est donc nécessaire d'identifier à chaque fois, qui des deux administrera la preuve de l'infraction ou au contraire, la preuve de non-contravention. Par ailleurs, à la base de toute infraction, il y a une faute imputable à quelqu'un qui n'est pas toujours identifiable et dont l'identité doit être recherchée. Il sera par ailleurs nécessaire d'établir l'étendue de la responsabilité du prévenu afin de fixer de manière appropriée le palier de la sanction (Section II).

Section I- L'administration de la preuve des infractions douanières

L'administration de la preuve vise à éclairer le juge ou toutes les personnes concernées, qui ont besoin pour se décider, d'éléments probants. La nature de l'argumentaire de l'accusation autant que celle du défendeur sont essentielles dans la manifestation de la vérité et dans l'intime conviction du magistrat. Les éléments de preuve (Paragraphe I) ne sont pas exactement les mêmes en matière douanière qu'en matière de droit commun. De même, le fardeau de la preuve (Paragraphe II) ne pèse pas exclusivement sur l'accusation.

Paragraphe I. La preuve de l'infraction dans le contexte douanier

Prouver l'existence d'une infraction revient à procurer à l'autorité chargée de prononcer la sanction, les informations ou les éléments susceptibles d'entraîner son intime conviction. La plupart des infractions douanières se règlent par voie transactionnelle. L'usager qui accepte de transiger accepte implicitement aussi l'existence de la faute. À ce moment, le problème de la preuve ne se pose plus, car celle-ci se confond avec la constatation de l'infraction. Mais lorsqu'il devient nécessaire d'administrer la preuve de l'infraction, le juge admet à la suite du code des douanes le principe de la liberté. Ainsi, guidé par le souci d'efficacité, l'accusation a le choix du mode de preuve. La preuve peut se faire par les moyens de droit commun (A), par voie de procès-verbal (B), par la voie des présomptions légales (C), par d'autres présomptions (D) ou par tout autre moyen admis par la loi (E).

A- La preuve par les voies de droit commun

« Tous délits et toutes contraventions prévus par les lois et règlements sur les douanes peuvent être poursuivis et prouvés par toutes les voies de droit alors même qu'aucune saisie n'aurait pu être effectuée dans le rayon ou hors du rayon, ou que les marchandises ayant fait l'objet d'une déclaration n'auraient donné lieu à aucune observation » (art 317 CD).

Ce texte suffisamment clair a donné lieu à une jurisprudence constante. En effet, dans l'affaire Schlusselblum, le juge a conclu que « les infractions prévues par [le code des douanes] peuvent être poursuivies et prouvées par toutes les voies de droit alors même qu'aucune saisie n'aurait été effectuée ou que les marchandises, ayant fait l'objet d'une déclaration, n'auraient donné lieu à aucune observation. La preuve de l'infraction reprochée n'était pas subordonnée à la production d'un procès-verbal de constat, mais pouvait résulter des éléments acquis aux débats dont [la cour d'appel] avait fait le rappel exprès [à savoir les factures d'achat de la marchandise et la déclaration d'importation][97].

Toutefois, ces moyens de preuve ne sont admis que s'ils ont été régulièrement obtenus par l'administration en respectant les droits de la défense. Ainsi, « si selon les dispositions [du code des douanes], tous les délits en matière douanière peuvent être prouvés par toutes les voies de droit, c'est à la condition que les moyens de preuve produits devant le juge pénal ne procèdent pas d'une méconnaissance des règles de procédure et n'aient pas eu pour effet de porter atteinte aux droits de la défense[98] ». De même, « les dispositions [du code des douanes] selon lesquelles les délits en matière douanière peuvent être prouvés par toutes voies de droit, impliquent que les éléments de preuve produits devant le juge pénal n'aient pas été obtenus par des procédés frauduleux[99] ».

En d'autres termes, pour donner la preuve des infractions douanières, l'administration dispose de moyens de preuve de droit commun (actes administratifs ou notariés, actes sous seing privé, témoignage, certifica

[97] Cass. crim., 25 janvier 1996, SCHLUSSELBLUM, Bull. crim. n° 48.
[98] Cass. crim., 19 juin 1989, GRAYO, Bull. crim. n° 261. Voir aussi Cass. crim., 3 avr 1991, BELLINI, *Gazette du Palais* 1992, p.335.
[99] Cass. crim., 28 octobre 1991, TOURNIER, Bull. crim. n° 381.

d'expertise, documents de transfert de fonds délivré par la banque domiciliataire d'une opération douanière, contrat d'achat de la marchandise, certificats sanitaires ou phytosanitaires, etc.).

Il peut être valablement fait état à titre de preuve, les renseignements, certificats, procès-verbaux et autres documents fournis ou établis par les pays étrangers (art. 317 CD). Le juge a ainsi admis que l'administration était fondée à présenter à l'appui de sa requête, un état de compte ouvert d'animaux obtenu auprès des autorités douanières [d'un pays étranger][100]. Les douanes utilisent également les déclarations douanières du pays d'origine d'une marchandise comme élément de contestation d'un point donné du dossier présenté pour l'enlèvement d'une marchandise.

En définitive, « il appartient au juge de fond d'apprécier souverainement la valeur des éléments de preuve régulièrement produits aux débats et sur lesquels se fonde leur conviction »[101], mais ce principe de l'intime conviction du juge est largement limité par la force probante du procès-verbal de douane.

B- La preuve par les procès-verbaux de douane

La douane s'appuie assez souvent sur les PV comme moyens de preuve parce qu'ils sont particulièrement efficaces. En effet, le moyen normal de preuve de l'infraction douanière est le procès-verbal de douane. Les procès-verbaux de douane régulièrement dressés par deux agents des douanes font foi jusqu'à inscription de faux des constatations matérielles qu'ils relatent (article 310-1 CD). Rédigés par un seul agent, les procès-verbaux de douane ne font foi que jusqu'à la preuve contraire. Le prévenu, faut-il le rappeler, peut apporter la preuve contraire des constatations matérielles relevées par un agent dans un procès-verbal et ainsi obtenir la non-contravention. Cependant, en matière d'infraction constatée par procès-verbal de constat à la suite d'un contrôle d'écritures, la preuve contraire ne peut être rapportée qu'au moyen de documents de date certaine antérieure à celle de l'enquête effectuée par les agents verbalisateurs (art. 311(2) CD. Cela traduit sans doute un autre particularisme du droit douanier qui admet les présomptions comme d'autres moyens de preuve.

---

[100] Pau, 16 février 1965, doc. Cont. N° 1433 ; Bayonne, 30 octobre 1968, N° 1483.

[101] Cass crim. 3 mars 1959 ; bull. crim. N° 142 – 6 octobre 1960, *ibid.,* N° 434 - 18 mars 1965, *ibid.,* N° 83.

C- La preuve par les présomptions légales

Les présomptions légales sont un moyen de preuve entre les mains de l'administration ; mieux, elles sont « en réalité une véritable dispense de preuve directe de l'infraction considérée. Elle consiste à permettre à l'accusation de ne faire la preuve que de certains éléments de fait, à partir desquels le raisonnement logique du législateur déduit l'existence des éléments non prouvés »[102]. Elles ont par conséquent « valeur de vérité absolue ne pouvant pas être combattue par la preuve contraire »[103].

La présomption est dite légale lorsqu'elle est établie par la loi. Elle peut être simple (ou réfragable), c'est-à-dire susceptible de preuve contraire, ou irréfragable (ou absolue) lorsqu'elle n'est pas susceptible de preuve contraire. La plupart des présomptions douanières sont légales et conséquemment irréfragables et ne peuvent donc pas être détruites par la preuve contraire. En d'autres termes, la présomption légale, parce qu'irréfragable, dispense celui au profit duquel elle joue, de la charge de la preuve. Bien plus, elle ne permet pas à la partie adverse de la combattre par la preuve contraire. Elle entraîne en quelque sorte la suppression de la preuve. « Le législateur (...) semble considérer que la présomption jouit d'un degré de probabilité tellement élevé qu'elle peut être dotée juridiquement d'une valeur de vérité absolue ne pouvant pas être combattue par la preuve contraire »[104].

Quand elles sont opposées au prévenu, il ne peut se défendre qu'en prouvant l'existence d'un cas précis de force majeure ou en justifiant en matière d'intérêt à la fraude, d'un état de nécessité ou d'erreur invincible conformément à l'art 387(3) CD. Les présomptions légales de fraude (1) riment avec la présomption de culpabilité (2).

1- Présomptions légales de fraude

Constituent des présomptions légales de fraude, les présomptions de contrebande (a) et les présomptions d'importation ou d'exportation sans déclaration (b).

---

[102] BERR et TREMEAU, *Le droit douanier*, Economica, 5e édition, p.527.

[103] Rania TRIMECHE, FSJPST - Master de recherches en droit des affaires 2008, *www.memoireonline.com.*

[104] 284 ABOUDA (Abdelmajid), « Code des droits et procédures fiscaux : contrôle, contentieux et sanctions », Tunis, Publications de l'IORT, 2001, p. 153.

a- Les présomptions de contrebande

Les présomptions de contrebande font l'objet des hypothèses prévues aux articles 407 et 408 CD. En effet, l'article 407CD crée une présomption de contrebande à l'égard des marchandises de la catégorie de celles qui sont prohibées à l'entrée ou fortement taxées ou soumises à des taxes de consommation, ainsi que les marchandises de la catégorie de celles dont la sortie est prohibée ou assujettie à des droits :

- lorsqu'elles sont trouvées dans la zone terrestre du rayon sans être munies d'un acquit de paiement, passavant ou autre expédition valable pour la route qu'elles suivent et pour le temps dans lequel se fait le transport à moins qu'elles ne viennent de l'intérieur du territoire douanier par la route qui conduit directement au bureau de douane le plus proche, et soient accompagnées des documents prévus par l'article 283, paragraphe 2 du code des douanes ;

- lorsque, même étant accompagnées d'une expédition portant l'obligation expresse de la faire viser à un bureau de passage, elles ont dépassé ce bureau sans que ladite obligation ait été remplie ;

- lorsque, ayant été amenées au bureau dans le cas prévu à l'article 284 paragraphe 2 CD, elles se trouvent dépourvues des documents indiqués à l'article 283 paragraphe 2 ;

- lorsqu'elles sont trouvées dans la zone terrestre du rayon en infraction à l'article 290CD.

L'article 408 (1) du même code précise que les marchandises visées à l'article 291 CD sont réputées avoir été importées en contrebande, à défaut de justifications d'origine ou si les documents présentés sont faux, inexacts, incomplets ou non applicables. Le même type de présomption pèse sur les marchandises susceptibles d'importation ou d'exportation sans déclaration.

b- Présomption d'importation ou d'exportation sans déclaration

Sont réputés faire l'objet d'une importation sans déclaration, les marchandises déclarées pour le transport avec emprunt du territoire étranger ou de la mer, pour l'exportation temporaire ou pour l'obtention d'un passavant de circulation dans le rayon, en cas de non-représentation ou de différence dans la nature ou l'espèce entre lesdites marchandises et celles présentées au départ (art. 410 (1) CD.

Sont réputés importés ou exportés sans déclaration les colis excédant le nombre déclaré (art. 411 CD).

Sont réputées importations ou exportations sans déclaration de marchandises prohibées, toute infraction aux dispositions de l'article 51 paragraphe 3 CD, ainsi que le fait d'avoir obtenu ou tenté d'obtenir la délivrance de l'un des titres visés à l'article 51 paragraphe 3 précité, soit par contrefaçon de sceaux publics, soit par fausses déclarations ou par tous autres moyens frauduleux (art. 412 (1) CD).

Est réputée importation sans déclaration de marchandises prohibées, le détournement des marchandises prohibées de leur destination privilégiée (art. 413 CD).

Est réputée exportation sans déclaration de marchandises prohibées, toute infraction aux dispositions, soit législatives, soit réglementaires, portant prohibition d'exportation et de réexportation ou bien subordonnant l'exportation ou la réexportation au paiement de droits, de taxes ou à l'accomplissement de formalités particulières lorsque la fraude a été faite ou tentée par les bureaux et qu'elle n'est pas spécialement réprimée par une autre disposition du code (art. 414 (1) CD.

La présomption de fraude est complétée par la présomption de culpabilité qui fait de certaines personnes se trouvant dans des circonstances particulières, les présumés auteurs de l'infraction.

2- Présomption de culpabilité

Le détenteur de la marchandise de fraude est réputé auteur de la fraude (art. 380,1 CD).

Sont également présumés intéressés à la fraude : les entrepreneurs, membres de l'entreprise, assureurs, assurés bailleurs de fonds, propriétaires de marchandises et, en général, ceux qui ont un intérêt direct à la fraude ; ceux qui ont coopéré d'une manière quelconque à un ensemble d'actes accomplis par un certain nombre d'individus agissant de concert, d'après un plan de fraude arrêté pour assurer le résultat poursuivi en commun ; ceux qui ont sciemment, soit couvert les agissements des fraudeurs ou tenté de leur procurer l'impunité, soit acheté ou détenu, même en dehors du rayon, des marchandises provenant d'un délit de contrebande ou d'importation sans déclaration (art. 387(2)).

L'article 381.1CD fait du commandant de navire et d'aéronef, le présumé responsable des omissions et inexactitudes relevées dans les manifestes et, d'une manière générale, des infractions commises à bord de leur bâtiment. D'autres présomptions, sans être légales, peuvent être invoquées devant le juge.

D- La preuve par les autres présomptions

Elles ne sont pas irréfragables, mais ont une autorité supérieure à celle des présomptions simples. Par conséquent, elles ne peuvent pas être détruites par toutes formes de preuve de droit commun. Ces autres présomptions sont :

- « La présomption d'identité entre les marchandises trouvées dans une maison et celles que les préposés y ont vu introduire après poursuite à vue. Cette présomption ne peut être détruite que par la preuve directe et positive d'un fait contraire tel que l'existence prouvée au moment même de la saisie d'une expédition légale, et non par des présomptions de fait ou des témoignages ;
- Présomption de détention à l'encontre du propriétaire des lieux dans lesquels ont été découvertes des marchandises de fraude, qui ne cède qu'à la justification de la location ou de la sous-location ;
- La présomption de propriété du déclarant en douane qui ne peut être détruite, à l'égard des marchandises se trouvant sous régime suspensif entre les mains du redevable, que par la preuve d'une vente effectuée avec l'assentiment de l'administration ;
- Présomption d'origine étrangère des marchandises arrivant par mer sans acquit-à-caution ou passavant de cabotage ou qui ont été exportées sans autorisation[105] ».

En plus, « Lorsque les poursuites ne reposent pas sur un procès-verbal, ou ce qui revient au même, si celui-ci est nul, les juges peuvent valablement se rapporter aux éléments de l'information pour asseoir leur intime conviction. Par exemple, a été considéré comme solidairement responsable de la fraude, le transporteur bénévole de trois femmes porteuses d'un sac contenant de l'anéthol de fraude, qui habitaient dans le même endroit que lui et qu'il connaissait pour se livrer habituellement par profession à la vente illicite de ces produits, dès lors que le sac se trouvait placé à ses pieds dans la voiture. Ces faits constituent en effet

---

[105] Réglementation douanière de la CEMAC, p. 481-482.

des présomptions suffisamment graves, précises et concordantes pour entraîner l'intime conviction du Juge »[106].

Comme l'on peut le constater, les présomptions douanières, même quand elles ne sont pas irréfragables, continuent de protéger le procès-verbal mieux que les présomptions simples, facilement destructibles. Par ailleurs, les infractions douanières peuvent être prouvées par d'autres moyens que les présomptions.

E- La preuve par les autres moyens

L'existence de certaines infractions douanières peut découler d'aveux et déclarations du prévenu repris dans un acte transactionnel (1) ou dans une soumission contentieuse (2). La preuve de l'infraction peut aussi découler des procès-verbaux de droit commun et les documents délivrés par les administrations étrangères (3).

1- La preuve par l'acte transactionnel

Au plan juridique, la transaction est un contrat synallagmatique, c'est à-dire un engagement réciproque conclu entre l'administration et l'auteur, le complice ou le coauteur d'une infraction en vue de résoudre à l'amiable le litige dans un cadre conventionnel. À travers la transaction le prévenu accepte implicitement sa participation à la commission de l'infraction et prend les engagements réels en vue de la réparation des préjudices causés. La transaction qui fera l'objet des développements ultérieurs devient de ce fait même, un moyen de constatation et de preuve des infractions douanières. La transaction dans ce sens produit les mêmes effets que la soumission contentieuse.

2- La preuve par la soumission contentieuse

« La soumission contentieuse est un acte écrit qui contient d'une part la relation par les saisissants des faits délictueux qu'ils ont relevés et d'autre part, l'acquiescement du contrevenant à la reconnaissance du service ainsi que son engagement cautionné d'accepter la décision ultérieure de l'autorité compétente avec tous les effets contentieux éventuels » [107].

Elle intervient lorsque l'administration, pour une raison quelconque n'est pas en mesure de fixer immédiatement le montant de la transaction

[106] BERR et TREMEAU, *Le droit douanier*, *op cit.*, p. 544.
[107] NGONGO (Jean Roger) cours (inédit) contentieux douanier, *op. cit.*, ENAM, 93/94.

Elle permet ainsi au soumissionnaire d'enlever sa marchandise avant l'intervention de l'autorité dont la décision est sollicitée. La soumission contentieuse est à cet égard une transaction provisoire et peut porter sur l'espèce, la valeur, l'origine, etc. Plus concrètement, le déclarant reconnaît partiellement l'exactitude des faits énoncés et désirant éviter toutes poursuites judiciaires, s'en remet entièrement à la décision de l'autorité sollicitée pour arbitrage, relativement aux suites pécuniaires dont cette affaire sera susceptible. Il s'engage dès lors à accepter la décision administrative à intervenir, quelle qu'elle soit.

La preuve de l'infraction douanière peut aussi être donnée par des documents délivrés par les administrations étrangères ou par les procès-verbaux de droit commun.

3- La preuve par les procès-verbaux de droit commun et les documents délivrés par les administrations étrangères

À titre de rappel, l'article 317 CD dispose que tous délits et toutes contraventions prévus par les lois et règlements sur les douanes peuvent être poursuivis et prouvés par toutes les voies de droit. À cet effet, il peut être valablement fait état, à titre de preuve, des renseignements, certificats, procès-verbaux et autres documents fournis ou établis par les autorités des pays étrangers.

Les documents des administrations étrangères peuvent être obtenus de manière fortuite. Mais la plupart du temps, ces documents sont obtenus dans le cadre de l'assistance administrative mutuelle internationale. L'assistance peut se faire sur demande, et dans ce cas, l'autorité requise transmet à l'autorité requérante toute information pertinente aux fins de la prévention et fraude et des activités illégales. L'assistance peut aussi être spontanée, ainsi, un État envoie à son homologue sans demande préalable de sa part, toute information utile en matière de lutte contre la fraude.

Si le code des douanes admet le principe de la liberté de la preuve, la charge de celle-ci incombe aussi bien à l'accusation qu'à l'accusé.

Paragraphe II. La charge de la preuve

II est indispensable que le droit détermine, surtout en cas de procès, sur qui repose la charge de la preuve, afin que celui qui en est ainsi désigné recherche et produise les éléments de preuve adéquats et que le juge tire le cas échéant, toutes les conséquences de la défaillance du principal obligé. À la vérité, le juge ne pouvant fonder sa décision que sur des preuves, il s'agit ici pour lui de savoir sur qui va peser le fardeau de les réunir (B). En principe, il appartient à la partie poursuivante de rapporter la preuve de l'existence de l'infraction (A).

A- Le principe

« En vertu de la présomption d'innocence, c'est à la partie poursuivante de rapporter la preuve de l'existence de l'infraction. Sur le terrain de l'action publique, cette preuve incombe essentiellement (et parfois exclusivement) au ministère public. S'il y a une partie civile en cause, celle-ci partagera la charge du ministère public ; il est même possible que cette charge repose principalement sur elle si l'action a été mise en mouvement sur son initiative » [108].

En droit commun en effet, il appartient à l'accusation de faire la preuve complète de la culpabilité du prévenu, celui-ci étant présumé innocent jusqu'à ce qu'il soit reconnu coupable, et si le doute persiste, ce doute lui profite. Tout cela découle de deux principes fondamentaux : la charge de la preuve incombe au ministère public et le doute profite au prévenu. La règle fondamentale en la matière est la présomption d'innocence selon laquelle tout homme doit être présumé innocent des infractions qui lui sont reprochées, tant qu'un jugement régulier et une décision définitive ne sont pas intervenus[109].

Exceptionnellement, le législateur renverse parfois la charge de la preuve et c'est la personne poursuivie qui devra faire la preuve de sa non-culpabilité. Ainsi, le renversement de la charge de la preuve prend des considérations exceptionnelles au principe de droit commun *"actori incumbit probatio"*. Contrairement au droit commun, cette exception se conçoit sous forme de principe en matière douanière. À bien des égards en effet, le fardeau de la preuve incombe à l'accusé.

B- Le fardeau de la preuve en matière douanière

En matière douanière, lorsqu'il y a saisie régulière, c'est au prévenu d'apporter la preuve de non-contravention. En conséquence, « dans l'hypothèse où les énonciations d'un procès-verbal de saisie ne seraient pas suffisantes pour entraîner l'entière conviction des juges, le doute

[108] M. G. STEFANI et G. LEVASSEUR, *Précis Dalloz de Procédure pénale,* 2e édition, Paris, 1962, p.276.
[109] LEVASSEUR, *Droit pénal général et procédure pénale*, 10e éd. Paris, Sirey, 1991, p. 133.

bénéficierait à la douane et non au prévenu qui se trouverait contraint d'administrer dûment la preuve de non-contravention. Cette preuve ne peut être admise que si elle ne met pas en jeu la foi due au procès-verbal »[110]. Le renversement du fardeau de la preuve ainsi décrit découle des dispositions de l'article 352 CD aux termes duquel, dans toute action sur saisie, la preuve de non-contravention est à la charge du saisi.

Il y a également renversement du fardeau de la preuve lorsqu'un prévenu, ayant passé des aveux consignés sur un procès-verbal de douane, en vient à se rétracter en dénonçant ses propres propos. « À ce moment, il lui reviendra d'administrer la preuve de la fausseté de ses aveux. S'il ne peut pas apporter la preuve qui lui incombe détruisant les aveux initialement émis, les juges ne peuvent prononcer sa relaxe au motif qu'il existerait un doute sérieux sur la valeur de ces aveux et qu'il existerait des considérations pouvant faire apparaître comme sérieuse la rétractation intervenue dans les circonstances particulières de la cause »[111].

Les aveux doivent cependant, à peine de nullité, avoir été obtenus sans contrainte ni pression. « L'aveu doit être spontané en ce sens qu'il ne doit pas être obtenu par des moyens illégaux. L'utilisation de moyens coercitifs (torture, interrogatoires musclés ou trop prolongés, brutalités) est totalement interdite. (…) pendant l'instruction, le principe de loyauté (…) oblige à rechercher les preuves selon des normes conformes à la morale[112] ». Dans le même sens, l'article 122 Code de procédure pénale (CPP) du Cameroun dispose que le suspect doit être traité matériellement et moralement avec humanité. Au cours de son audition, un temps raisonnable lui est accordé pour se reposer effectivement. Mention de ce repos doit être portée au PV. Le suspect ne sera point soumis à la contrainte physique ou mentale, à la torture, à la violence, à la menace ou à tout autre moyen de pression, à la tromperie, à des manœuvres insidieuses, à des suggestions fallacieuses, aux interrogatoires prolongés, à l'hypnose, à l'administration des drogues ou à tout autre procédé de nature à compromettre ou à réduire sa liberté d'action ou de décision, à altérer sa mémoire ou son discernement.

En dehors de ces cas, la douane doit étayer ses accusations par des moyens de preuve à sa disposition. À partir de l'administration de la

---

[110] « Réglementation douanière CEMAC », *op. cit.*, p.479.
[111] NGONGO (Jean Roger), cours contentieux douanier, *op cit.*
[112] Crim. 12/06/1952 - JCP 1952 II.7241.

preuve, l'on peut clairement définir la personne sur qui pèse la responsabilité de réparer les conséquences dommageables de l'acte délictueux.

Section II- La responsabilité du prévenu

La responsabilité peut être définie comme l'obligation qui pèse sur une personne identifiable de répondre des conséquences dommageables de son acte. Elle se traduit en matière pénale par l'obligation de répondre des actes délictueux qu'on a posés en supportant les sanctions pénales édictées par les textes. Les pénalités douanières ont un caractère à la fois pénal et de réparation civile des dommages subis par l'administration au point où on peut penser qu'en matière douanière, les responsabilités civile (Paragraphe II) et pénale (Paragraphe I) se confondent comme ayant la même cause et le même objet.

Paragraphe I. La responsabilité pénale

« Le principe selon lequel chacun n'est pénalement responsable que de ses actes ne s'applique strictement en matière douanière que lorsque l'infraction est matériellement constituée par un acte positif instantané tel qu'une importation irrégulière »[113]. Dans ce cas, l'auteur ou les coauteurs de la faute sont facilement identifiables et leur responsabilité aisément établie (A). En toute autre hypothèse, la loi douanière fait peser la responsabilité pénale sur la personne qu'elle désigne, et cela même quand cette personne n'a commis aucun acte positif frauduleux. C'est le cas par exemple des intéressés à la fraude (B). Dans quelques cas rares, le code des douanes permet au coupable de rejeter la responsabilité pénale sur le véritable auteur de la fraude.

A- La responsabilité pénale des auteurs de l'infraction

L'auteur d'une infraction est, soit celui qui accomplit un acte puni par la loi, soit celui qui s'abstient d'exécuter une obligation qui lui incombe en vertu de la loi. Lorsque plusieurs personnes ont participé directement à la commission de la faute, elles sont toutes coauteurs et répondent conjointement de leurs actes. Du point de vue douanier, l'auteur de l'infraction peut être soit le détenteur de la marchandise (1), soit d'autres acteurs clairement définis par la loi (le capitaine du navire, le déclarant, le commissionnaire, et le soumissionnaire (2). Sans être détenteur de la

[113] NGONGO (Jean Roger), *op. cit.*

marchandise, l'intéressé à la fraude peut être reconnu comme auteur de la fraude.

1- La responsabilité pénale du détenteur de la marchandise

Aux termes de l'article 380 CD, le détenteur des marchandises de fraude est réputé responsable de la fraude. La notion de détention est clairement définie en droit douanier (a) compte tenu justement de l'enjeu (b) qu'elle présente dans la recherche de la responsabilité de l'auteur de l'infraction.

a- La notion de détention

La détention peut être comprise dans son sens premier, mais elle peut aussi être présumée.

- La détention proprement dite

La jurisprudence[114] donne à la notion de détention le sens le plus large. Ainsi le détenteur est celui qui détient physiquement la marchandise. Le seul fait que le prévenu, même à titre précaire, porte à corps ou à main l'objet du délit suffit, sans qu'on ait besoin de rechercher s'il en est le propriétaire, le possesseur ou qu'il ait eu conscience de détenir une marchandise de fraude[115]. La possession implique simplement que le prévenu ait le « corpus », c'est-à-dire l'appréhension matérielle de la chose ou la possibilité de l'appréhender et d'y faire des actes matériels que pourrait accomplir celui qui avait un droit sur la chose avec ou sans « l'animus domini » (volonté de recueillir pour soi les avantages de la chose). Dans certaines circonstances, la possession est présumée.

- La présomption de détention

Certaines personnes sont réputées détenir la marchandise dès lors que celles-ci sont déposées ou en circulation à certains endroits.

✓ Les marchandises déposées

Du moment où les marchandises de fraude sont déposées dans une propriété privée, la présomption de détention joue à l'égard de celui qui a la jouissance de ce lieu. « Il va de soi que le terme propriété ne doit pas ici être pris dans son sens juridique, mais dans le sens de lieu affecté à l'usage privatif, quel que soit le titre juridique auquel s'exerce cet

---

[114] Cass. Crim. 29 mai 1997 ; Bull. Crim. N° 214, p. 699.
[115] Cass. crim 9 novembre 1997 ; bull. Crim. N° 330, p. 1093.

usage[116] ». Peu importe donc que celui qui a la jouissance des lieux ait la qualité de propriétaire, de locataire, de sous-locataire, de gardien ou qu'il ne soit qu'un occupant occasionnel ou sans titre, pourvu, dans ce dernier cas, que sa réalité soit établie[117], c'est-à-dire qu'il soit notoire que l'individu sans titre utilise habituellement le lieu où la marchandise de fraude a été introduite. Dans cette perspective, la propriété couvre aussi bien un domicile ou une habitation, un bâtiment d'exploitation rurale ou industrielle, un jardin ou un champ.

Plusieurs personnes peuvent être reconnues comme codétentrices si elles ont toutes la jouissance du lieu, mais la jurisprudence a reconnu que seul le chef de famille est réputé détenteur de la marchandise, sauf si des actes personnels peuvent être imputables à d'autres occupants de la maison[118].

En revanche, lorsque la personne jouissant des locaux n'est pas connue ou s'il y a doute, la présomption de détention pèsera sur le propriétaire du lieu de dépôt de la marchandise de fraude. Cette présomption demeure, même lorsqu'il n'était pas présent au moment du dépôt ou l'a ignorée.[119] Sa responsabilité ne tombera que s'il apporte la preuve qu'il avait loué les lieux ou si le locataire[120] administre la preuve qu'il avait sous-loué les locaux. Par contre, la simple autorisation, tacite ou expresse d'occuper les lieux, ne suffit pas pour écarter la présomption[121].

✓ **Les marchandises en circulation**

Celui qui conduit la marchandise de fraude est réputé détenteur de celle-ci. Le préposé à la conduite est celui qui mène une voiture, la surveille ou procède au chargement et à la livraison de la marchandise (chef de train, conducteur de moyens de transport…). Si le préposé au transport ne peut être identifié ou s'il est en fuite, la présomption de détention joue à l'encontre du propriétaire du moyen de transport[122], sauf

---

[116] BERR et TREMEAU, *op cit.*, p. 470
[117] Cass. Crim. 8 août 1949, doc contentieux N° 899 cité par BERR et TREMEAU *ibid.*, p. 471.
[118] Douai 1er mai 1895, Doc. Cont, N°323 cité par BERR et TREMEAU *op. cit.*, p. 471.
[119] Cass. Crim. 5 avril 1954, Doc cont, N° 1089, cité par BERR et TREMEAU, *ibid.*
[120] Cass. crim. 28 juillet 1827, Doc jur. N° 253, cité par BERR et TREMEAU, *ibid.*
[121] Cass. Crim. 28 juin 1944, Doc Cont N° 729, cité par BERR et TREMEAU, *ibid.*
[122] Cass. Crim. 20 décembre 1951 ; Doc cont. N° 979. Cité par BERR et TREMEAU *ibid.*

pour lui à apporter la preuve qu'au moment de la commission de l'infraction, son véhicule était régulièrement aliéné[123].

La responsabilité de l'infracteur présente une portée particulière en matière douanière.

b- Portée de la notion de détention

Aux termes de l'article 380 CD, le détenteur de la marchandise de fraude est réputé responsable de la fraude. Ce texte exprime « une double présomption d'imputabilité matérielle et de culpabilité. Imputabilité matérielle, parce que le fait de la détention constaté, on sera dispensé d'établir une quelconque participation personnelle du prévenu à l'acte qui a conféré à la marchandise un caractère frauduleux (importation en contrebande par exemple). Présomption de culpabilité ensuite, dans la mesure où la découverte de la détention implique nécessairement l'existence d'une faute pénale à la charge du détenteur[124] ». Cette présomption est irréfragable.

Par ailleurs, celui qui a la jouissance des locaux où sont découvertes les marchandises de fraude est réputé détenteur de la marchandise et par suite auteur de l'infraction. Point n'est besoin pour l'administration d'établir à sa charge un acte de participation personnelle à la fraude. La responsabilité pénale joue à son encontre quels que soient la destination, la position, la nature et l'état des lieux où sont entreposées les marchandises, même si au surplus, le lieu n'est pas susceptible d'être fermé à clé ou si le terrain n'est pas clôturé, ou que le lieu privé est occasionnellement ouvert au public. « Il appartient aux habitants du rayon de prendre toute précaution pour empêcher que les lieux ne deviennent des lieux de refuge pour les marchandises de fraude. Leur responsabilité est engagée par le simple fait d'avoir commis une imprudence en ne surveillant pas leur demeure et en permettant aux contrebandiers d'y déposer leurs marchandises. La preuve de non-contravention qui lui incombe ne peut résulter que de la justification d'un cas de force majeure[125] ».

Toutefois, n'est pas responsable de la fraude celui dont le champ est traversé par des colporteurs poursuivis à vue par l'administration des

---

[123] Cass. Crim24 novembre 1953, Doc Cont. N° 1073, cité par BERR et TREMEAU *ibid.*

[124] [124] BERR et TREMEAU, *op cit.*, p. 468.

[125] NGONGO, *op cit.*

douanes, ou celui qui reçoit la visite d'une personne portant à corps ou en main des marchandises de fraude même si cette personne les avait momentanément déposées à proximité d'elle.

Le préposé à la conduite est pénalement responsable des marchandises qu'il transporte. Il ne peut rejeter cette responsabilité sous prétexte qu'il n'avait ni en droit ni en fait la possibilité de vérifier les bagages qu'il transportait. Toutefois, les transporteurs publics ne sont pas considérés, eux et leurs préposés ou agents, comme contrevenants lorsque, par une désignation exacte ou régulière de leurs commettants, ils mettent l'administration en mesure d'exercer utilement des poursuites contre les véritables auteurs de la fraude (art. 380-2 CD). Les détenteurs de la marchandise comme les infracteurs subissent la même sanction.

2- La responsabilité pénale des autres auteurs de l'infraction

En dehors du détenteur de la marchandise qui est pénalement responsable de la fraude douanière, d'autres acteurs ont été désignés par la loi comme susceptibles de répondre de l'infraction. Ce sont les capitaines de navire (a), les déclarants (b), les commissionnaires et transporteurs agréés (c) ainsi que les soumissionnaires (d).

a- La responsabilité pénale du capitaine du navire

Aux termes de l'article 381 CD, les commandants de navires, bateaux, embarcations et les commandants d'aéronefs sont réputés responsables des omissions et inexactitudes relevées dans les manifestes et, d'une manière générale, des infractions commises à bord de leur bâtiment. Cependant, les peines d'emprisonnement édictées dans le code des douanes ne sont applicables aux commandants des navires de commerce ou de guerre ou des aéronefs militaires ou commerciaux qu'en cas de faute personnelle. En d'autres termes, en dehors des peines d'emprisonnement, les autres sanctions peuvent leur être applicables. Par ailleurs, hormis les conducteurs de moyens de transport visés dans ce texte, les autres commandants de bateaux et d'aéronefs (engins de plaisance par exemple) sont susceptibles de peines d'emprisonnement alors même qu'aucune faute ne leur est imputable.

Les commandants sont exonérés de toute responsabilité dans deux cas précis (article 382 CD) :

- si les infractions relevées sont celles visées à l'article 410-2 CD c'est-à-dire dans des cas où il est découvert à bord du navire se trouvant dans les limites des ports et rades de commerce, des objets prohibés ou fortement taxés à l'entrée ou passibles de taxes de consommation, indépendamment des objets régulièrement manifestés ou composant la cargaison et des provisions de bord dûment représentées avant visite. En effet, la responsabilité du commandant n'est exonérée que si le délinquant est découvert, ou s'il administre la preuve qu'il a rempli tous ses devoirs de surveillance ;

- si les infractions relevées sont celles visées à l'article 410-3 CD impliquant l'existence à bord du navire de moins de 100 tonneaux de jauge nette ou de 500 tonneaux de jauge brute, navigant ou se trouvant à l'ancre dans la zone maritime du rayon des douanes, des marchandises soumises à des restrictions de tonnage par décision prise en application de l'article 17-3 CD ainsi que les armes, munitions, poudre et explosifs en quantité excédant ce qui est nécessaire pour la défense du bord.

Néanmoins, le commandant doit justifier que des avaries sérieuses ont nécessité le déroutement du navire à condition que ces événements aient été consignés au journal de bord avant la visite du service des douanes.

La responsabilité du déclarant est plus couramment relevée à cause de l'importance du rôle qu'il joue dans la procédure de dédouanement.

b- La responsabilité pénale du déclarant

Le déclarant est celui qui signe la déclaration en détail. Ce faisant, il s'engage et est de ce fait même responsable des omissions, inexactitudes et autres irrégularités relevées dans les déclarations, sauf leur recours contre leurs commettants. Cette responsabilité pénale résulte du fait que le déclarant doit répondre des fautes dont il est l'auteur, même s'il s'est borné à exécuter de manière passive les ordres de son commettant[126] ou si « la fausseté de la déclaration n'est reconnue qu'a posteriori ou alors, si la déclaration n'est inexacte que par suite de l'inapplicabilité de certains documents que le signataire croyait authentique et valable »[127].

La responsabilité pénale pèse en cas d'infraction, sur le signataire par procuration de la déclaration, mais aussi sur le mandant au nom de qui la déclaration a été faite. En effet, dans le cas où la déclaration a été établie conformément aux instructions du donneur d'ordre, celui-ci est passible

---

[126] Cass. Req, 6 novembre 1922, Doc. Cont. N° 545. (BERR et TREMEAU, *op.cit.*).

[127] Réglementation douanière, *op. cit.*, p. 464.

des mêmes peines que le déclarant. Ce dernier peut à travers une action récursoire se retourner contre son commettant en vue d'obtenir réparation du préjudice qu'il estime avoir subi. Cette rigueur du législateur en cas d'infraction douanière est moins liée à la volonté de répression qu'au besoin de protéger les intérêts du Trésor public.

En tout état de cause, la responsabilité des déclarants et des commissionnaires en douane n'est pas exclusive de celles de leurs commettants qui auraient donné des instructions, des détenteurs des marchandises de fraude, des complices ou des intéressés à la fraude[128].

c- La responsabilité pénale du commissionnaire en douane et du transporteur agréés

Selon l'article 384 CD, les commissionnaires en douane agréés et les transporteurs agréés sont responsables des opérations en douane effectuées par leur soin. Cette responsabilité d'apparence rigoureuse découle de ce que le rôle des commissionnaires « ne consiste pas seulement à reproduire les termes de la déclaration faite par leurs commettants, mais à faire une déclaration régulière, après avoir effectué les vérifications nécessaires[129] ». De même, le commissionnaire en douane doit veiller à ce que les déclarations qu'il effectue soient conformes à la réglementation en vigueur, qu'il ne peut ignorer en sa qualité de professionnel averti. Il lui appartient d'interroger l'importateur s'il estime être insuffisamment renseigné sur les caractéristiques de la marchandise et il doit répondre des erreurs commises au moment de la déclaration[130]. Cette responsabilité persiste même pour les déclarations dont la fausseté n'a été établie qu'au terme d'une expertise légale[131] ou dont les inexactitudes n'ont été révélées qu'*a posteriori* lors d'un contrôle opéré chez le destinataire final de la marchandise[132], a charge pour le commissionnaire de se retourner contre son commettant pour obtenir réparation du préjudice qu'il estime avoir subi. Mais, le commissionnaire en douane agréé qui a établi une fausse déclaration ne peut exercer de recours contre un client que s'il établit la faute de celui-

[128] Cass. Crim. 23 Janvier 1997, Bull. crim N° 33.

[129] Cass. Crim. 8 avril 1897, Doc. Cont., N° 345 ; 2 février 1969, *ibid.*, N° 915 ; 23 janvier 1997, ibid., N° 33 p. 96. (BERR ET TREMEAU, *ibid.*)

[130] Paris (4e ch. C), 15 mars 1990, PANNIER (Jean), *Recueil de la jurisprudence douanière*, Economica, 2010, p. 81.

[131] Cass. Crim. 11 avril 1940, (BERR ET TREMEAU, *ibid.*)

[132] Cass. Civ. 20 octobre 1947, Doc. Cont. N° 805.

ci[133]. Par conséquent, le commissionnaire ne peut demander à l'importateur le remboursement de la transaction payée aux douanes après avoir appliqué un tarif erroné, alors surtout qu'avant d'accepter la soumission contentieuse, il n'a pas obtenu l'accord de l'importateur et qu'il ne justifie pas que la transaction ait servi les intérêts de son commettant ou du moins ne lui ait pas porté préjudice[134].

Toutefois, les peines d'emprisonnement édictées par le code des douanes ne sont applicables aux commissionnaires qu'en cas de faute personnelle. Le commissionnaire peut être une personne physique, la peine s'appliquera sans difficulté. Mais le problème non réglé par le code des douanes se posera en termes de mécanismes d'emprisonnement d'une personne morale lorsque celle-ci aura commis une faute personnelle. On pourrait logiquement et hâtivement penser que la personne habilitée à représenter la société supporte la responsabilité pénale encourue par elle. La solution au problème est venue du juge[135] lui-même. En effet, la Cour de cassation a rappelé qu'en absence de toute délégation de pouvoir, le dirigeant de la société est présumé responsable des infractions douanières commises par celle-ci. Il s'agit bien du dirigeant de la société au moment où les faits reprochés ont été commis. Le chef d'entreprise qui n'a pas personnellement pris part à la réalisation de l'infraction peut s'exonérer de sa responsabilité pénale s'il rapporte la preuve qu'il a délégué ses pouvoirs à une personne pourvue de la compétence, de l'autorité et des moyens nécessaires.

d- La responsabilité pénale du soumissionnaire

Le soumissionnaire est celui au nom de qui des engagements ont été souscrits dans un acquit-à-caution ou dans une soumission. Ce soumissionnaire peut être le commissionnaire en douane agréé ayant rédigé la déclaration en détail ou le destinataire de la marchandise au nom et pour le compte de qui l'acquit-à-caution est établi. Si les engagements pris ne sont pas respectés, les soumissionnaires seront responsables de l'inexécution des engagements souscrits, sauf leur recours contre les transporteurs et autres mandataires (art. 385-1CD). Dès

133 Cass. Com. 30 janvier 1990, bull Civ. N° 28 in PANNIER (Jean), *Recueil de la jurisprudence douanière*, *op cit.*, p. 81.

134 Paris (4e ch. C), 15 mars 1990, PANNIER (Jean), *op cit.*

135 Cass. Crim. 19 novembre 1998, bull 1999 N° 243 et Cass.Crim. 11 mars 1993, PELLEGRINO GAZ PAL 20 juillet 1993 cités dans cours droit pénal douanier, 53eme session. Ecole nationale des douanes de Neuilly, p. 58.

lors, le déclarant ne peut être inquiété en tant que signataire de l'acqui qu'en cas de faute personnelle ou d'inexactitudes relevées sur la déclaration.

Le soumissionnaire ne peut être déchargé de la responsabilité pénale qui pèse sur lui que s'il prouve qu'il s'est trouvé dans l'impossibilité de satisfaire à ses engagements par un évènement qu'il ne pouvait ni prévoir ni conjurer, tel que le vol des marchandises, à condition encore qu'il soit constaté par un jugement condamnant le voleur et qu'il présente les caractères de la force majeure[136].

Sans être détenteur de la marchandise, l'intéressé à la fraude et les complices des auteurs de la fraude sont également auteurs de la fraude.

B- La responsabilité pénale des intéressés à la fraude et des complices

Le code des douanes utilise le terme complice sans le définir. Il se borne à dire que ceux-ci sont passibles des mêmes peines que les auteurs du délit ou de la tentative du délit. Les dispositions du Code pénal relati à la complicité étant applicables en matière de douane (art 386), seu l'intérêt à la fraude donnera lieu aux développements dans les lignes qu suivent. L'intérêt et l'intéressé à la fraude sont des concepts spécifique au droit douanier. Le contentieux douanier les appréhende pour ne laisse aucune faute impunie (1). Il épargne cependant certaines catégories de personnes pour des raisons diverses (2).

1- Les notions d'intérêt et d'intéressés à la fraude

Aux termes de l'article 387 CD, ceux qui ont participé comme intéressés d'une manière quelconque à un délit de contrebande ou à un délit d'importation ou d'exportation sans déclaration sont passibles des mêmes peines que les auteurs de l'infraction et en outre, des peines privatives de droits édictées par l'article 417 CD. L'intérêt à la fraude est une complicité spéciale. Cette notion est inconnue du droit commun et mérite d'être explicité. Pour que le prévenu soit poursuivi, il faut qu'il ait eu un intérêt direct ou indirect à la fraude (a). Cet intérêt est généralement pécuniaire, mais il peut aussi être simplement moral sans qu'il soit nécessaire de prouver l'existence d'un profit personnel du prévenu. Les intéressés à la fraude sont aussi ceux qui ont coopéré a

---

[136] Cass. Crim. 14 juillet 1951, Doc. Cont. N° 971. Comp. CJCE, 25 février 1999, af C- 86/87, Reiner Woltmann et Hauptzollamnt Potsdam, Rec. p. I. 1065.

plan de fraude (b) ou qui ont participé d'une manière quelconque à la réalisation du plan de fraude en agissant de manière à garantir l'impunité au fraudeur (c).

a- L'intérêt direct à la fraude

L'intérêt à la fraude doit être compris dans son sens le plus large. La jurisprudence[137] a par exemple assimilé à de l'intérêt à la fraude, le fait pour quelqu'un de surveiller la route empruntée par un camion de fraude, de percevoir des recettes provenant de la vente des marchandises de fraude, de constituer des dépôts de marchandises de fraude, d'être instigateur ou bénéficiaire d'opérations frauduleuses, de fournir des indications nécessaires aux opérations de fraude. Compris dans ce sens, sont réputés avoir un intérêt direct à la fraude aux termes de l'article 387 (2) CD, les entrepreneurs et membres de l'entreprise, les assureurs des marchandises de fraude, les bailleurs de fonds et les propriétaires des marchandises.

- Les entrepreneurs et membres de l'entreprise

Il convient ici de comprendre entreprise de fraude comme une organisation plus ou moins hiérarchisée impliquant une répartition des rôles dans l'accomplissement de la fraude. Peu importe que les membres de cette structure se connaissent mutuellement ou non. En effet, dans la plupart de temps, le cerveau du gang est tapi dans l'ombre et répartit les tâches à des exécutants qui s'ignorent complètement, suivant un mode opératoire et un calendrier dont il a seul la maîtrise. Dans l'affaire Douai[138], le juge a déduit l'existence de l'entreprise de fraude « de la répétition d'actes identiques accomplis par des individus agissant d'une manière permanente d'après un plan organisé et obéissant à une même direction ». À ce moment, le lien de participation s'établit par rapport à l'entreprise de fraude et non par rapport aux actes frauduleux[139].

- Les assureurs des marchandises de fraude

La responsabilité de l'assureur et du souscripteur de la police d'assurance est mise en jeu si le contrat d'assurance a eu pour effet de garantir le paiement d'une prime en cas d'échec de la tentative d'une opération frauduleuse (importation en contrebande, importation ou

---

[137] Citée par BERR et TREMEAU, *op. cit.*, p. 455.
[138] Douai, 11 décembre 1945, *op cit.*
[139] BERR et TREMEAU, *op. cit.*, p. 456.

exportation sans déclaration des marchandises prohibées). Le texte ne vise pas ici des simples intermédiaires (courtiers et démarcheurs), mais la compagnie d'assurance ou son agent général qui a délivré la police d'assurance.

- Les bailleurs de fonds

Généralement, les bailleurs de fonds mettent à la disposition de l'infracteur, les fonds nécessaires au financement des opérations de fraude. La fourniture des fonds peut intervenir avant ou après commission de l'infraction, pourvu qu'il soit établi que les moyens produits aient eu pour but le financement de l'opération délictuelle.

- Les propriétaires des marchandises

Le propriétaire de la marchandise est réputé intéressé à la fraude ès qualité sans qu'il soit par suite nécessaire de rechercher s'il était informé de la suite frauduleuse qui devait être donnée à la marchandise querellée. « L'intérêt direct est présumé à partir du titre de propriété »[140], la présomption d'intérêt à la fraude s'estompe si le propriétaire établit qu'au moment de la commission de l'infraction, il avait perdu le titre de propriété sur l'objet.

L'intéressé à la fraude peut aussi être celui qui a coopéré au plan de fraude.

b- La coopération au plan de fraude

Sont réputés intéressés à la fraude, ceux qui ont coopéré d'une manière quelconque à un ensemble d'actes accomplis par un certain nombre d'individus agissant de concert, d'après un plan de fraude arrêté pour assurer le résultat poursuivi en commun (art. 387-2b). Pour que le prévenu soit poursuivi au titre de ce texte, il faut d'une part que l'administration démontre l'existence d'un plan de fraude et d'autre part, qu'elle prouve la coopération du prévenu dans l'exécution de ce plan de fraude. Elle doit alors démontrer l'existence d'un acte matériel de la part du mis en cause.

Un plan de fraude est caractérisé par un ensemble d'actes coordonnés orientés vers la recherche d'un but ou d'un résultat précis. Ce plan de fraude va du commencement à la fin de son exécution. En d'autres termes, celui qui participe à la confection du plan de fraude n'est pas lui-

---

[140] Cass. Crim. 18 décembre 1952, Doc. Cont. N° 736.

même intéressé à la fraude, mais un complice au sens du droit commun. De même, le plan de fraude suppose des agissements coordonnés. Ainsi, celui qui aide le fraudeur agissant isolément est considéré comme un complice.

La coopération à l'exécution du plan de fraude se caractérise par un agissement quelconque qui se situe entre le commencement et l'achèvement du plan de fraude et qui est susceptible de contribuer directement ou indirectement au succès du plan de fraude. Il n'est pas nécessaire que le prévenu ait eu connaissance du plan[141] de fraude ni même qu'il en ait tiré un intérêt personnel[142], il est simplement nécessaire que l'intéressé ait eu conscience d'accomplir un acte illicite. Toutefois, celui qui dans le cadre de son activité normale participe fortuitement et incidemment à l'accomplissement des actes de fraude n'est pas considéré comme intéressé à la fraude. Ainsi, contrairement à celui qui accompagne le conducteur[143] d'un camion transportant des marchandises de fraude ou qui met son domicile à la disposition des délinquants[144], le manutentionnaire qui manipule les marchandises dont il ignore la destination frauduleuse n'est pas intéressé à la fraude.

c- Les agissements garantissant l'impunité

Il s'agit ici essentiellement de ceux qui ont sciemment, soit couvert les agissements des fraudeurs ou tenté de leur procurer l'impunité, soit acheté ou détenu, même en dehors du rayon, des marchandises provenant d'un délit de contrebande ou d'importation sans déclaration (art. 387- 2c CD).

La connaissance coupable du prévenu est un élément essentiel dans sa mise en cause. Les agissements susceptibles d'engager sa responsabilité sont le fait par exemple de s'opposer à la saisie des marchandises[145] ou les manœuvres qui sont de nature à égarer les soupçons de l'enquêteur, à

[141] Cass. crim. 13 février 1963, bull crim. N° 74, P. 156 ; 13 novembre 1974, Bull. Crim. N° 331, p. 842.

[142] Cass. Crim. 13 février 1964, Bull. crim. N° 53 P. 116 ; 7 janvier 1986, Bull. Crim. N° 8 P. 21 ; 6 août 1996, Bull. Crim. N° 304 P. 917.

[143] Cass. Crim.. 18 décembre 1969 cité par BERR et TREMEAU, p. 460.

[144] Cass. Crim. 8 janvier 1953 cité par BERR et TREMAEU, *ibid.*

[145] Cass. Crim. 16 juillet 1958, Doc. Cont. N° 1273, cité par BERR et TREMEAU, *op. cit.*, p.461.

soustraire le fraudeur de l'arrestation[146] ainsi qu'à faire disparaître les preuves[147]. Il doit s'agir ici en principe d'un acte positif. C'est ainsi que le fait de s'abstenir de dénoncer un délit douanier n'est pas couvert par ce texte. Ces manœuvres dolosives dont le but premier est d'obtenir illicitement l'impunité de l'infracteur, ne sont pas comparables aux dispositions prises par un avocat qui s'active pour mettre son client hors de cause.

Par ailleurs, « afin de décourager les acheteurs éventuels de marchandises de fraude et en vue de priver des fraudeurs de leurs débouchés, le code des douanes frappe comme intéressés à la fraude les acheteurs et les détenteurs »[148]. L'on doit tout de même noter que ceux qui ont acquis les marchandises issues d'une infraction douanière non délictuelle ne peuvent être considérés comme intéressés à la fraude. Dans ce cas, la sanction ne sera encourue (contravention de quatrième classe) que si les marchandises tirées d'une importation en contrebande ou sans déclaration sont en quantité supérieure à celle des besoins de la consommation familiale du prévenu. Les intéressés à la fraude ne peuvent se soustraire de la responsabilité qui leur incombe que dans des cas précis prévus par le code des douanes.

2- Les causes de non-imputabilité

La loi a aménagé des circonstances qui peuvent permettre à l'auteur de l'infraction de se soustraire de sa peine. Certaines causes d'exonération de responsabilité des prévenus sont communes à toutes les infractions douanières (a), d'autres sont spécifiques à l'infraction qualifiée d'intérêt à la fraude (b). En tout état de cause, une irrégularité commise même avec l'assentiment, la faute ou l'erreur des agents des douanes conserve son caractère délictueux.

a- Causes générales de non-imputabilité

L'ignorance n'étant pas une cause d'exonération de responsabilité pénale, nous n'insisterons ici que sur les conséquences douanières de la démence, de la contrainte et du repentir actif de l'auteur de l'infraction.

---

[146] Chambéry, 16 février 1950, Doc. Cont. N° 918, cité par BERR et TREMEAU op. cit. P. 461

[147] Cass. Crim 22 avril 1970, bull crim. N° 142.

[148] BERR ET TREMEAU, *op. cit*, p. 460.

- **La contrainte et la force majeure**

Sous la dénomination de cas fortuit ou de force majeure, la contrainte est une cause de non-imputabilité. La contrainte physique est plus facilement admise que la contrainte morale. La contrainte physique est une force ou un événement qui agit sur le corps de la victime. D'une manière générale, l'individu agit sous l'empire d'une force à laquelle elle ne peut résister et qui inhibe sa volonté ou son libre arbitre, le mettant de ce fait même dans l'impossibilité absolue de ne pas commettre l'infraction. Elle doit revêtir le caractère de non-prévisibilité et d'irrésistibilité tel que le prévenu n'a pu s'y soustraire.

Ainsi, la cour d'appel de Versailles a jugé « qu'une grève générale d'ampleur nationale née d'une réaction à des mesures gouvernementales, qui n'était ni prévisible ni susceptible d'être contrée par des négociations internes à l'entreprise puisque son issue dépendait de décisions d'ordre politique, et qui était insurmontable techniquement comme affectant la vie économique du pays tout entier, revêtait le caractère de la force majeure[149] ».

En revanche, dans une espèce datant du 12 février 1976[150], le juge a refusé le bénéfice de la contrainte à un automobiliste qui a eu un malaise au volant, ce qui lui aurait fait perdre le contrôle de son véhicule et son passager a été blessé dans l'accident qui a suivi. L'arrêt relève que le malaise allégué était, en l'état des circonstances, prévisible parce que ce conducteur avait perdu plusieurs fois connaissance auparavant.

Sur le plan douanier, le « capitaine d'un navire, dépossédé de son commandement par suite de voies de fait, retenu prisonnier à son bord, et retenu par ses agresseurs jusqu'à un port français, a échappé aux peines qui s'attachent à l'absence de rédaction ou de dépôt d'un manifeste[151] » ; de même, un voyageur qui procède au débarquement frauduleux des colis sous la menace d'un forcené ne peut être reproché par l'administration des douanes d'importation en contrebande.

Le juge admet dans certains cas la contrainte morale comme cause de non-imputabilité. La contrainte morale est beaucoup moins évidente que

---

[149] Cour d'appel de Versailles (12éme ch., sect. 2), (BICC n°553 du 1er avril 2002),13 septembre 2001.

[150] Ch. crim. 12 février 1976 Bulletin Criminel Cour de cassation Chambre criminelle N. 57, p. 135.

[151] Pau, 8 octobre 1950, doc. Cont. N° 1279.

la contrainte physique. Elle s'apparente à une pression exercée sur la volonté ou sur l'esprit de l'infracteur et le pousse à commettre la faute. Ainsi, dans l'arrêt Douai[152], une mère avait été poursuivie pour non-présentation d'enfant parce qu'elle n'avait pas remis l'enfant au père pour qu'il exerce son droit de visite. Elle invoqua « que son fils était gravement malade et que son état exigeait un traitement journalier, que le père risquait d'emmener son fils en Algérie, où l'enfant ne pourrait pas avoir son traitement ». La cour d'appel a jugé qu'elle avait subi une contrainte morale irrésistible.

Le repentir actif peut dans une moindre mesure conduire à l'excuse de l'infracteur en matière douanière.

- **Le repentir actif**

Le repentir actif du fautif ne représente pas en droit commun une cause de non-imputabilité ; il ne l'est pas davantage en droit douanier et le coupable qui viendrait à se dénoncer lui-même en offrant de réparer le préjudice ne ferait pas disparaître par lui-même le caractère délictueux de la faute. Toutefois, le jour même du dépôt de la déclaration et avant le commencement de la vérification, les déclarants peuvent rectifier sans pénalités leurs déclarations en détail quant au poids, au nombre, à la mesure ou à la valeur, à condition de représenter le même nombre de colis, revêtus des mêmes marques et numéros que ceux primitivement énoncés, ainsi que les mêmes espèces de marchandises (art. 126-2 CD).

Par contre, le mineur comme le dément sont du point de vue du droit des incapables et ne sont pas responsables des actes qu'ils posent.

- **La minorité et la démence**

Le mineur comme le dément sont du point de vue du droit, des incapables. La minorité pénale est la situation d'une personne qui, au moment où elle commet une infraction, n'a pas atteint l'âge de la majorité fixée par la loi. La minorité pénale est identique à la minorité civile ; elle n'est pas la même dans tous les pays de la CEMAC et relève donc du droit positif en vigueur dans chaque État.

La démence, comme la minorité, n'a pas donné lieu à des développements particuliers de la part du droit pénal douanier. La question ne peut donc être réglée que par le droit commun. L'on peut néanmoins relever que la démence est une maladie qui affecte le moral

[152] Cour d'appel de Douai, 1984, *op cit.*

de l'homme et le prive de sa capacité de discernement, de sa capacité à distinguer le juste de l'injuste. La démence, parce qu'elle prive l'individu lors de ses agissements, de toute sa capacité à distinguer le bien du mal, est une cause de non-imputabilité. Selon Ortolan,[153] si le fonctionnaire a été victime d'une affection mentale et « s'est trouvé entièrement privé, dans son acte, soit de la raison morale, soit de la liberté, il n'y a pas d'imputabilité. On voit par là que ce qu'il importe de savoir pour l'application du droit, ce n'est pas précisément si l'agent avait, au moment de l'acte, telle ou telle maladie mentale, mais plutôt quel a été l'effet produit par la maladie sur ses facultés. L'agent a-t-il agi ayant sa raison morale ou, en termes plus simples, connaissance du bien et du mal ? A-t-il agi ayant sa liberté morale ? Ces deux facultés, quoiqu'existant en lui, n'ont-elles pas été l'une ou l'autre, amoindries dans l'exercice qu'il a pu en faire ? N'y avait-il pas quelque affaiblissement ou quelque désordre dans les autres parties de son intelligence, ou bien dans sa sensibilité ? Et quelles étaient la nature et l'étendue de ces affaiblissements ou de ces désordres ? Voilà les questions de fait à poser et résoudre, afin d'en déduire les conséquences de droit ».

Certaines causes de non-imputabilité sont spécifiques à l'intérêt à la fraude.

b- Causes spécifiques de non-imputabilité

L'infraction d'intérêt à la fraude n'est pas imputable à celui qui a agi en état de nécessité ou par suite d'erreur invincible (art. 387 -3). On comprend dès lors que l'erreur invincible et l'état de nécessité n'interviennent que pour extirper l'intéressé à la fraude de la responsabilité pénale qui lui incombe.

- **L'état de nécessité**

L'état de nécessité s'entend de la situation dans laquelle se trouve une personne qui est obligée, pour sa sauvegarde ou celle d'autrui ou celle d'un bien essentiel, d'accomplir un acte défendu par la loi pénale. Autrement dit, l'état de nécessité suppose une alternative dont les deux issues sont périlleuses : l'une conduit à un danger et l'autre entraîne le sujet à commettre une faute pour éviter ce danger.

---

[153] J. ORTOLAN, *Eléments de droit pénal*, 4e éd., Paris, 1875.

La jurisprudence classique en la matière est constituée par l'arrêt Ménard[154]. Dans cet arrêt resté célèbre, une mère de famille, vivant dans une extrême pauvreté, avait volé un pain pour se nourrir et nourrir ses enfants. Elle a invoqué l'état de nécessité pour obtenir sa relaxe. En 1956, le tribunal correctionnel de Colmar[155] a admis cet état de nécessité pour un père qui avait construit une cabane pour protéger sa famille du froid. Il était poursuivi pour construction sans permis de construire. Le tribunal a reconnu que le père avait agi sous l'empire de l'état de nécessité. Pour mériter la faveur du droit pénal douanier, il faut que :

- le prévenu soit face à un danger actuel, et imminent qui le menace lui-même, autrui ou un bien. Le danger doit être réel, un péril éventuel ne suffit pas pour caractériser l'état de nécessité ;

- qu'il accomplisse un acte nécessaire à la sauvegarde de sa personne, de celle d'autrui ou d'un bien. Cet acte répréhensible doit avoir été le seul moyen d'éviter le danger ;

- qu'il n'y ait pas disproportion entre les moyens employés et la gravité de la menace. Le mal provoqué par l'infraction ne doit pas être supérieur au danger que l'on voulait éviter. Cela n'est que justice parce que l'opinion publique serait compréhensible vis-à-vis de celui qui a choisi entre deux maux, le moindre. Une dame avait été surprise dans un magasin en possession de 6 kg de viande et seize paquets de charcuterie volés. La cour d'appel de Poitiers[156] a refusé de lui accorder le bénéfice de l'état de nécessité en estimant qu'il y avait disproportion entre le danger et le moyen employé.

- **L'erreur invincible**

L'erreur invincible est constituée lorsque son auteur ne peut se reprocher aucune faute ou négligence de telle sorte que toute personne à sa place et dans les mêmes conditions ne pouvait ni matériellement ni humainement l'éluder. La Cour de cassation[157] a décidé, à la suite de la loi, que l'erreur de droit ou de fait constitue une cause d'exonération de responsabilité lorsqu'elle est invincible. L'erreur de droit ou de fait est invincible lorsque l'auteur a agi comme l'aurait fait toute personne raisonnable et prudente.

---

[154] Trib.corr. Château-Thierry 4 mars 1898 [M. Magnaud, prés.]
et Amiens 22 avril 1898 (D.1899 II 329). *Dlle* Ménard.
[155] fr.jurispedia.org/index.php
[156] Cour d'appel de Poitiers du 11 avril 1997. (*fr.jurispedia.org/index.php)*
[157] Cour de cassation, 13 juin 1980, Pas. 1980, I, p. 1260.

Cette haute juridiction a confirmé sa position[158] sur la question lorsqu'une autorité administrative avait mal apprécié le sens d'une disposition réglementaire. La Cour a estimé que « l'erreur de droit peut, en raison de certaines circonstances, être considérée par le juge comme étant invincible à la condition que de ces circonstances, il puisse se déduire que l'autorité administrative a agi comme l'aurait fait toute personne raisonnable et prudente ».

Elle a continué dans le même sens en déclarant qu'« Attendu que, s'il est vrai que l'erreur de droit ou de fait peut, en raison de certaines circonstances, être considérée comme invincible, c'est à la condition que, de ces circonstances, il puisse se déduire que la personne qui invoque l'erreur a agi comme l'aurait fait toute personne raisonnable et prudente placée dans la même situation »[159].

Hormis ces cas limitativement énumérés, le prévenu est pleinement responsable de ses actes et supporte sur le plan pénal les conséquences de ses agissements. La rigueur du code des douanes en matière de responsabilité de l'infracteur s'explique par la volonté du législateur de ne laisser aucune faute impunie. D'ailleurs, les pénalités douanières ont un caractère à la fois pénal et de réparation civile des dommages subis par la collectivité.

Paragraphe II. La responsabilité civile

La responsabilité civile est l'obligation pour une personne de réparer le préjudice qu'elle a causé à autrui ou celui causé par les personnes ou les choses dont elle a la garde (ex. : responsabilité civile du commettant du fait de son préposé). Dans cette optique, les sanctions pécuniaires prévues par le code des douanes ont un caractère répressif certes, mais davantage de réparation des dommages causés au Trésor public par le délinquant. La responsabilité civile en matière douanière incombe, en dehors des personnes ayant perpétré l'acte répréhensible, au propriétaire de la marchandise (A) du fait de ses employés ainsi qu'aux cautions (B) en raison des liens de solidarité qui les unissent au principal obligé.

[158] Cour de cassation, 16 septembre 2005 (rôle n° C040276F).

[159] Cour de cassation, section française, 3e chambre, 1999-01-18, pasicrisie belge, 1999 (i/28).

A- La responsabilité du propriétaire de la marchandise

Pour garantir les intérêts du Trésor public, les propriétaires des marchandises (2) peuvent, de ce seul fait, être amenés à répondre des agissements des tiers. Ils peuvent aussi en répondre dans le cadre des hypothèses de l'article 1384 du Code civil impliquant la responsabilité du commettant du fait des tiers (2).

1- La responsabilité du commettant

La responsabilité civile de droit commun peut valablement s'appliquer en matière douanière, car rien ne s'y oppose. Dans ces conditions, le propriétaire de la marchandise peut répondre, comme commettant, des manquements de son préposé. Il faut pour cela qu'il puisse exister un lien de préposition (1) entre le mandant et le mandataire d'une part, et qu'il soit établi un rattachement du fait dommageable au lien de préposition d'autre part (2).

a- L'existence du lien de préposition

La responsabilité des commettants du fait de leurs préposés est prévue à l'article 1384 alinéa 5 du Code civil. D'après ce texte, les maîtres et les commettants sont responsables des dommages causés par leurs domestiques et préposés dans les fonctions auxquelles ils sont employés. Cette responsabilité suppose donc que le commettant ait fait recours aux services du préposé, pour accomplir une tâche quelconque. Le lien de subordination juridique qui en découle peut correspondre au contrat de travail, mais aussi à toute forme d'autorité en ce que le préposé exerce son activité sous la direction et le contrôle du commettant.

Dans ce dernier cas, le simple lien de préposition suffit. De même, peu importe que le préposé perçoive ou non une rémunération ou qu'il exerce ses fonctions à titre permanent ou temporaire. « La jurisprudence a jugé l'article 1384 applicable par exemple au transitaire du fait de ses employés, aux compagnies de chemin de fer du fait de leurs préposés à la conduite, aux armateurs du fait du personnel de bord de leur navire »[160]. La responsabilité ainsi décrite est une responsabilité de plein droit qui pèse sur les maîtres et commettants. Ils sont par conséquent responsables des dommages causés par leurs préposés même en l'absence de faute de leur part. Cette responsabilité se justifie par le lien de subordination qui unit le préposé au commettant qui l'a choisi pour agir

---

[160] BERR ET TREMEAU, *op. cit.*, p. 474.

en son nom ou pour son compte et à l'occasion de laquelle est survenu le dommage. Le juge a décidé à propos d'un employé d'un commissionnaire en douane agréé qui a profité de sa position pour sortir frauduleusement les marchandises des tiers d'un bureau des douanes que « si les fonctions du prévenu ne l'habilitaient pas à sortir les marchandises des locaux sous douanes, elles lui permettaient d'avoir accès dans ces locaux et plus précisément à la case d'une autre société agréée en douane, et de connaître des procédures propres à en sortir les marchandises, que c'est bien dans le cadre de ses fonctions qu'il a pu commettre les délits qui lui sont reprochés au détriment des tiers, qu'il a agi … à l'occasion et pendant le temps de son travail et que ses agissements sont en rapport avec le lien de préposition l'unissant à son employeur… »[161].

En effet, le préposé agit pour le compte du commettant ou en son nom. Ce dernier, parce qu'il peut donner des ordres ou des instructions au préposé pour l'accomplissement de sa mission, doit *ipso facto* vérifier qu'il s'exécute correctement. En cas de dommage, il est en fait reproché au mandataire un défaut de surveillance de son mandant. Il doit toutefois exister un lien entre la faute commise et la fonction du préposé.

b- L'existence d'un lien entre faute commise et la fonction du préposé

La responsabilité du commettant est engagée chaque fois que le préposé a causé un dommage à autrui dans l'exercice de ses fonctions. Le commettant répondra par exemple des inexactitudes relevées dans les déclarations que son préposé est chargé de rédiger. Il ne pourra se soustraire de cette responsabilité qu'en prouvant que le préposé qui a posé l'acte dommageable a agi « sans autorisation, à des fins étrangères à ses attributions [et s'est] placé hors des fonctions auxquelles il est employé »[162]. En d'autres termes, l'employé doit avoir abusé de ses fonctions. L'abus de fonction est caractérisé par l'absence d'autorisation donnée par le commettant, la poursuite d'un but étranger aux fonctions pour lesquelles le préposé est employé et un dépassement de ses fonctions.

---

[161] Cass. Crim. 8 février 1990 cité par PANNIER (Jean) *Recueil de jurisprudence douanière op cit.*, p. 477.
[162] Cour de Cassation Assemblée plénière du 17 juin 1983, 82-91.632.

Ces trois conditions doivent cumulativement exister sinon, l'abus de fonction ne peut être invoqué et la responsabilité du commettant restera maintenue. Toutefois, ces situations doivent être interprétées avec prudence. Ainsi, « l'employé, qui a importé en contrebande des marchandises prohibées en utilisant le camion de son employeur lors d'un transport effectué pour le compte de celui-ci pendant le temps de travail, même s'il a agi sans autorisation et à des fins étrangères à ses attributions, n'était pas hors de ses fonctions au sens de l'art. 1384, alinéa 5 C. Civ., et l'infraction douanière qu'il a commise n'était pas indépendante du lien de préposition l'unissant à son employeur qui doit être déclaré civilement responsable. Et l'amende douanière, à laquelle a été condamné le préposé, en raison de son caractère partiellement indemnitaire, peut être mise à la charge du civilement responsable »[163].

La victime d'un acte du préposé peut directement agir contre celui-ci pour une faute personnelle détachable de sa mission sur les fondements des articles 1382 et 1383 du Code civil. Il peut aussi attaquer le préposé et le commettant à la fois ou l'un d'eux seulement. Lorsque le préposé a commis du tort à un tiers au moyen d'une chose dont il avait la garde, sa responsabilité peut être exclue. La victime pourra agir uniquement contre le commettant sur le fondement de l'article 1384 alinéa 5 du Code civil.

En raison d'un système de responsabilité propre au contentieux douanier et dérogatoire au droit commun, le propriétaire de la marchandise peut voir sa responsabilité maintenue, même en l'absence d'un lien de causalité entre l'infraction commise et l'exercice par le préposé d'une fonction donnée.

2- La responsabilité du propriétaire de la marchandise proprement dite

Aux termes de l'article 391 CD, les propriétaires des marchandises sont responsables civilement du fait de leurs employés en ce qui concerne les droits, taxes, confiscations, amendes et dépens. Ce texte peut sembler faire double emploi avec l'article 1384 du Code civil. Pourtant, à regarder de près, le code des douanes ne suggère pas - pour établir la responsabilité du mandant- de rechercher si le préposé agissant frauduleusement est resté dans le cadre de l'exercice de ses fonctions. Il suffit seulement de prouver que le commettant est en même temps propriétaire de la marchandise litigieuse pour le déclarer civilement

[163] Cass. Crim 19 février 2003. Bull. crim. N° 43.

responsable. En d'autres termes, « la responsabilité civile qui pèse sur le propriétaire des marchandises peut ainsi être engagée sans que l'on ait à établir que l'employé agissait dans l'exercice ou à l'occasion de l'exercice de ses fonctions. En revanche, cette responsabilité ne pèse que sur le commettant qui est en même temps propriétaire des marchandises. Si cette condition n'était pas remplie, aucune poursuite ne pourrait être engagée[164] ».

Dans cette perspective, le juge a dans deux arrêts reconnu la responsabilité du propriétaire et armateur de navire lorsque les membres d'équipage ont débarqué frauduleusement des marchandises[165]. Ce fut également le cas lorsque les préposés transportaient des marchandises de contrebande[166]. Cette responsabilité du propriétaire de la marchandise ressemble fort à celle des cautions.

B- La responsabilité de la caution

L'article 392 CD dispose que les cautions sont tenues au même titre que les principaux obligés, de payer les droits et taxes, pénalités pécuniaires et autres sommes dues par le redevable qu'elles ont cautionnées. Le cautionnement dont le contenu mérite d'être précisé (1) produit des effets radicaux sur la relation entre la caution et l'administration (2).

1- Le cautionnement

Le cautionnement est un contrat par lequel un tiers qui porte le nom de caution, s'engage vis-à-vis de la douane à satisfaire aux obligations de l'importateur ou de son mandataire si celui-ci n'y satisfait pas lui-même. En effet, les marchandises placées sous un régime suspensif doivent être couvertes par un acquit-à-caution ou faire l'objet d'une soumission. L'acquit-à-caution comporte aux termes de l'article 150 CD, outre la déclaration détaillée des marchandises, l'engagement solidaire du principal obligé et de sa caution de satisfaire dans les délais fixés et sous les peines de droit, aux prescriptions des textes législatifs et réglementaires relatifs au régime douanier choisi.

---

[164] BERR et TREMEAU, *op. cit.*

[165] Rouen, 13 novembre 1947, doc. cont. N° 809.

[166] Cass. Crim. 5 mai 1953, *op. cit.*

La caution couvre généralement les droits et les pénalités éventuelles. Si les marchandises ne sont pas prohibées, la garantie de la caution peut être remplacée par la consignation des droits et taxes.

Il s'ensuit qu'il existe deux grands types de cautions : la caution réelle constituée en numéraire (espèce) et la caution personnelle (personne physique ou morale). La caution personnelle peut prendre la forme bancaire, confraternelle ou consulaire. Les engagements pris par la caution comportent des conséquences au plan juridique et douanier.

2- Les effets du cautionnement

La caution qui s'engage vis-à-vis de la douane est tenue au même titre que le redevable principal, de payer les droits et taxes, pénalités pécuniaires et autres sommes dues. A cet égard, l'administration peut s'adresser, en cas d'inexécution des engagements souscrits, indifféremment à l'un ou à l'autre pour le recouvrement de tout ou partie de la dette et leurs biens peuvent être grevés des mêmes privilèges et hypothèques. Il s'ensuit que la caution en matière douanière est exclusivement solidaire. D'ailleurs, « selon une jurisprudence constante, la caution n'est dans ses rapports avec la douane ni une caution proprement dite dans le sens du Code civil, ni un codébiteur ordinaire, mais un redevable au même titre que le principal obligé lui-même et soumise en cette qualité à des règles exorbitantes du droit commun. Elle est obligée solidairement avec le débiteur du trésor, et ne peut, dès lors invoquer le bénéfice de discussion[167] ».

La caution ne peut pas, en vertu du bénéfice de la discussion, demander à la douane de poursuivre d'abord le débiteur. La douane peut poursuivre l'un, puis l'autre ou les deux à la fois. Le cautionnement en matière douanière n'admet pas non plus le " bénéfice de division ", qui implique pour le créancier, en cas de pluralité de cautions, de diriger l'action contre chacune d'elles pour la part de la créance qu'elle a cautionnée : par exemple, si la dette s'élève à 1500 000 FCFA et si il y a 3 cautions, la personne poursuivie ne peut pas demander au créancier de n'être attaquée que pour 500 000 FCFA qui correspondent à la part qu'elle a cautionnée. Le service des douanes peut, s'il le souhaite, s'adresser à une seule caution pour le paiement de toute la dette, à charge pour cette dernière de se retourner contre les autres débiteurs pour récupérer, non seulement la somme réglée au créancier, mais aussi tous

[167] Réglementation douanière, *op. cit.*, p. 468.

les intérêts et frais engagés. Dans ce cas, elle bénéficie de la subrogation avec tous les pouvoirs reconnus à l'administration en matière de recouvrement (privilège du trésor par exemple.)

Le contentieux douanier est moins marqué par la volonté du législateur de réprimer les manquements à la législation douanière que par la nécessité de préserver les intérêts du trésor. Dans cette perspective, la recherche des personnes à qui incombe la responsabilité de l'infraction implique la recherche de celui qui réparera le préjudice subi par le trésor. Cette préoccupation est au centre même du choix de la voie la plus appropriée de règlement des litiges douaniers.

Chapitre- IV

Les voies de règlement des litiges

Les affaires contentieuses douanières peuvent être réglées de diverses manières. L'administration choisit généralement la voie la plus efficace et la plus rapide pour obtenir réparation du dommage subi. L'accusé quant à lui sollicite la voie la moins onéreuse pour lui. Dans la pratique, un équilibre entre les deux modes de règlement peut être trouvé et les deux parties terminent à l'amiable le litige qui les oppose (Section I). Dans le cas contraire, l'affaire est portée devant les tribunaux et nécessite une solution juridictionnelle (Section II).

Section I- Le règlement par la voie transactionnelle

Selon l'article 327 (1) du code des douanes, les personnes poursuivies pour infraction douanière peuvent être admises à transiger. La transaction est un contrat de type synallagmatique par lequel l'administration des douanes et l'accusé décident de terminer à l'amiable un litige. Généralement, l'administration renonce aux poursuites judiciaires, moyennant en retour le paiement par le contrevenant des pénalités fixées.

La transaction est régie par les règles du droit civil. Elle couvre un vaste champ et se met en mouvement suivant des modalités précises (Paragraphe I). La transaction se matérialise par la rédaction des actes transactionnels (Paragraphe II). Sur le plan national, le Cameroun a créé une instance appelée comité d'appel qui accompagne la transaction et joue un rôle majeur dans le dénouement des conflits entre l'administration et ses usagers (Paragraphe III).

Paragraphe I. L'enjeu du règlement transactionnel

Le code des douanes ne fixe aucune limite en ce qui concerne les types d'infractions pouvant donner lieu au règlement transactionnel. Néanmoins, celui-ci devrait en principe être réservé aux infractions ne présentant pas un caractère de gravité particulière. Dans la pratique cependant, il est très utilisé pour le règlement du contentieux douanier en raison des avantages qu'il présente (A). La voie transactionnelle est la voie la plus largement privilégiée par l'administration et permet en

France de résoudre près de 97,80%[168] des litiges en matière douanière. En Afrique centrale, les statistiques en la matière sont rares, mais il est clair qu'une large partie des différends douaniers est résolue par cette voie. La transaction produit parfois les effets radicaux (B) qui lui confèrent toute son autorité et toute sa pertinence.

A- L'intérêt du règlement transaction

Le règlement transactionnel présente des avantages aussi bien pour l'administration (2) que pour le prévenu (1). Elle peut intervenir avant ou après le règlement définitif du litige.

1- Les avantages du règlement transactionnel des litiges pour le contrevenant

L'intérêt de la transaction réside surtout dans la simplicité de la procédure et l'allègement des sanctions encourues par le contrevenant. En effet, la transaction débouche assez souvent sur des amendes d'un montant inférieur à celui légalement encouru. Elle permet d'éviter les conséquences négatives d'un procès notamment, le paiement des frais de justice ou des honoraires d'avocat ou encore, l'inscription au casier judiciaire. Elle est protégée par le secret professionnel et évite la publicité qui peut porter atteinte à la réputation du concerné. Elle préserve le prévenu des condamnations corporelles ainsi que de la contrainte par corps qu'elle implique.

La douane comme le prévenu ont tous un intérêt à clore administrativement les litiges qui les opposent.

2- Les avantages du règlement transactionnel pour l'administration

Le règlement transactionnel garantit un recouvrement rapide des pénalités que l'autre partie au litige a librement accepté d'acquitter.

Il permet à l'administration d'appliquer des sanctions adaptées à la fois aux faits objectifs relevés et au mis en cause dont la possibilité financière conditionnera toujours les amendes fiscales prononcées ;

Elle permet à l'administration d'économiser les coûts de la procédure contentieuse.

---

[168] Droit pénal douanier, école nationale des douanes de Neuilly, 53e session, p. 75.

Lorsqu'elle est régulièrement signée par les personnes qui y sont habilitées, la transaction produit les effets immédiats à l'égard des parties.

B- Les effets du règlement transactionnel des litiges

La demande de transaction se matérialise par l'aveu écrit du prévenu en des termes suivants : « j'accepte la reconnaissance du service et les suites contentieuses éventuelles ». Les effets de la transaction varient suivant le moment auquel elle intervient. La transaction peut intervenir avant ou après jugement définitif et produit des effets radicaux aussi bien à l'égard des poursuites (1) que du jugement (2).

1- Les effets du règlement transactionnel des litiges sur les poursuites judiciaires

La transaction peut intervenir avant le début des poursuites ou au cours de la procédure, c'est-à-dire, invariablement au milieu de la juridiction d'instruction ou de la juridiction de jugement. À ce stade, elle fait obstacle à l'action publique. Dès lors, la douane adresse ses conclusions au tribunal en lui demandant de prendre acte de l'arrangement intervenu. Le procureur de la République cessera alors et immédiatement toute action au niveau de l'instruction. Il requerra une ordonnance de non-lieu si les poursuites sont en cours. En d'autres termes, la transaction avant jugement a pour effet d'éteindre l'action publique[169]. Cette position est confirmée par le juge[170] qui conclut que « la transaction concédée par l'administration des douanes (...) éteint l'action pour l'application des peines et pour l'application des sanctions fiscales ».

La transaction douanière, qu'elle intervienne avant ou après jugement définitif, ne vaut qu'en matière de contentieux répressif (poursuite et sanction des infractions douanières). Elle n'est pas employée pour le règlement du contentieux civil. L'administration ne peut donc pas transiger lors d'une action en paiement des droits ou en répétition de l'indu. La transaction ne joue pas non plus en cas du contentieux répressif à l'égard des éléments civils tels que les droits et taxes dus et les confiscations prononcées.

---

[169] Réglementation douanière, *op. cit.*, p. 500.

[170] Cass. Crim. 12 février 1990, in contentieux cours, école nationale des douanes de La Rochelle, *op. cit.*, p. 119.

De même, la transaction n'affecte qu'une infraction douanière bien identifiée, objet de l'arrangement et ne saurait faire obstacle à la poursuite d'autres infractions avec lesquelles la première était en concours. La transaction ne devient définitive qu'après sa ratification par l'autorité normalement investie de cette compétence. Par conséquent, lorsqu'elle est régulièrement ratifiée, elle lie irrévocablement les deux parties et n'est pas susceptible de recours. Un prévenu qui a souscrit un arrangement transactionnel qui lui a été proposé par l'administration ne saurait invoquer, après coup, une nullité de la transaction fondée sur l'inexistence du délit et l'absence des bases légales de la poursuite.

La transaction réagit à peu près de la même manière sur les poursuites et le jugement.

2- Les effets du règlement transactionnel des litiges sur le jugement définitif

Lorsqu'elle intervient après jugement définitif, elle supprime les sanctions pécuniaires prononcées par le juge, mais laisse subsister les peines corporelles et les possibilités de l'inscription de la condamnation au casier judiciaire du prévenu.

La transaction n'a d'effet que sur les pénalités fiscales, le montant sera revu à la baisse, le prévenu étant libéré du reste de la fraction abandonnée par le service. Ceci est un particularisme du droit douanier qui permet à l'administration de personnaliser l'exécution de la sanction sans porter atteinte au principe de l'inflexibilité des décisions de justice devenues définitives.

La transaction intervenue avant ou après jugement définitif ne joue qu'à l'égard des parties contractantes. Elle n'oblige pas l'administration et la justice à l'égard des co-prévenus et complices qui n'ont pas pris part à la transaction. Ceux-ci restent de toutes les façons sous sujétion judiciaire. En d'autres termes, « la transaction conclue avec un prévenu est sans effet à l'égard des autres, dès lors, l'existence d'une transaction accordée à un co-prévenu ne saurait dispenser le tribunal de prononcer contre les autres co-prévenus l'intégralité des condamnations légalement encourues[171] ».

---

[171] Cass. Crim. 26 novembre 1964 ; Cass. Crim 06 janvier 1953 ; contentieux cours école nationale des brigades des douanes de la Rochelle, *op. cit.*, p. 119.

Afin de limiter expressément les effets de la transaction aux seuls délinquants à qui elle a été accordée et de prévenir toute contestation de la part d'autres co-prévenus qui prétendraient bénéficier de l'arrangement, la transaction conclue avec l'un des coauteurs ou l'une des personnes civilement responsables d'une infraction douanière doit stipuler que réserve formelle est faite des droits et actions de l'administration contre les co-prévenus du bénéficiaire de l'acte[172].

L'administration douanière, dans certains pays, se croit parfois obligée de recourir systématiquement au règlement transactionnel ou même de la solliciter. Pourtant cette forme de gestion de conflit devrait suivant la coutume administrative et dans l'esprit de la transaction, être réservée à une certaine catégorie de délinquants. Les fraudeurs récidivistes, les entrepreneurs de fraude, les repris de justice, les auteurs d'infractions connexes à des crimes ou d'infractions commises dans certaines circonstances ou d'après des techniques de fraude affinées ne devraient pas espérer une clémence ou une modération des peines encourues.

Qu'elle intervienne avant ou après jugement définitif, le règlement transactionnel se matérialise par la rédaction de certains actes.

Paragraphe II. La matérialisation de la transaction

Le règlement transactionnel doit être conduit par des personnes qui en ont la qualité (A). Les actes transactionnels (B) quant à eux sont rédigés (C) suivant des règles de fond et de forme précises.

A- Les parties à la transaction

Le règlement transactionnel met en relation les autorités publiques (1) d'une part et d'autre part les prévenus (2).

1- Autorités publiques chargées de la transaction

Aux termes de l'article 328 CD, le droit à la transaction en matière d'infraction douanière est exercé de façon différente selon que les infractions sont ou paraissent préjudiciables à plusieurs États ou à un seul État de la CEMAC. Ce texte définit de manière concrète les règles de compétence entre les autorités nationales et les instances de l'Union économique de l'Afrique centrale (UEAC).

---

[172] Réglementation douanière, *op. cit.*, p. 505.

Lorsque l'infraction concerne plusieurs États, le droit de transiger est exercé par le conseil des ministres de l'UEAC lorsque le litige porte sur des sommes supérieures à 250 000 000 de francs de droits éludés ou compromis ou à 500 000 000 de francs s'il n'y a pas de droits compromis ; par le secrétaire exécutif de la CEMAC lorsque :

- le litige porte sur des sommes inférieures à ces maxima ;

- l'infraction a été commise par un ou des voyageurs et n'a pas donné lieu à des poursuites judiciaires ;

- l'infraction doit être sanctionnée par une amende de principe.

Dans le cas contraire, il est exercé par le ministre de l'État considéré lorsque le litige porte sur des sommes supérieures à 50 000 000 de francs de droits éludés ou compromis ou à 300 000 000 de francs de valeur s'il n'y a pas de droits compromis ; et par le directeur national des douanes lorsque :

- le litige porte sur des sommes inférieures à ces maxima ;

- l'infraction a été commise par un ou des voyageurs et n'a pas donné lieu à des poursuites judiciaires ;

- l'infraction doit être sanctionnée par une amende de principe.

On considère comme amende de principe « les sanctions pécuniaires qui ne sont pas supérieures au dixième de la valeur des marchandises et qui ne dépassent pas en même temps 100 000 francs CFA. Le minimum ne doit pas cependant être inférieur à 50 000 francs CFA [173] ». La partie douanière qui transige a comme vis-à-vis l'usager du service doté des pouvoirs et de la capacité suffisante pour contracter avec l'administration.

2- Les autres personnes autorisées à transiger

L'article 327 CD dispose que les personnes poursuivies pour infraction douanière peuvent être admises à transiger. Les personnes poursuivies peuvent être les auteurs de l'infraction ou leurs complices ainsi que les intéressés à la fraude et toute personne civilement responsable de cette infraction (les cautions, les propriétaires des marchandises ou des moyens de transport saisis). L'administration doit à chaque fois, comme c'est de coutume en matière contractuelle s'assurer

[173] Réglementation douanière, *op. cit.*, p. 497.

que le prévenu a la capacité juridique de contracter. Ainsi, les mineurs et toutes les personnes frappées d'incapacités diverses ne peuvent à peine de nullité, valablement transiger. Les personnes morales sont représentées par leurs représentants légaux ou par leurs fondés de pouvoir régulièrement désignés à cet effet.

La transaction se matérialise par la rédaction des actes y relatifs.

B- Les différents actes transactionnels

Les actes transactionnels peuvent revêtir la forme d'une soumission contentieuse (1), d'une transaction provisoire ou définitive (2) ou encore du passer outre (3).

1- La soumission contentieuse

Le principe de la soumission contentieuse est consacré par la loi et par la jurisprudence. Dans certains cas limitativement énumérés, le législateur a aménagé des modalités spéciales de sa mise en œuvre qui prennent une forme originale au Cameroun. En effet, toute action en contestation des liquidations supplémentaires est subordonnée à la production des éléments justificatifs du mal fondé des réclamations et d'une soumission contentieuse d'un montant représentant 50% des sommes dues, cautionnée par une banque de premier ordre (article deuxième -3-c de la loi n°2009/018 du 15 décembre 2009).

Cette position semble excessive puisque le contribuable peut à raison contester l'entièreté du montant des liquidations supplémentaires. À ce moment, rien ne justifie le cautionnement de 50% du montant de la somme litigieuse. Sans doute, le législateur voulait par cette voie décourager les manœuvres dilatoires de certains usagers. Le contribuable qui produit sa soumission cautionnée saisit alors le comité d'appel qui devra trancher.

Pourtant, la soumission cautionnée « est une transaction particulière qui intervient lorsque, pour des raisons multiples, le service des douanes n'est pas en mesure de fixer sur-le-champ le montant de la transaction. À travers la soumission contentieuse, l'usager reconnaît les faits constitutifs de l'infraction et s'en remet entièrement à l'administration qui fixera ultérieurement le montant de l'amende. Il prend par conséquent l'engagement conjointement avec sa caution d'acquitter à la première réquisition la somme que la douane fixera. La soumission contentieuse a la valeur d'un procès-verbal faisant foi des aveux et déclarations qu'elle contient jusqu'à la preuve contraire »[174].

Si la fixation du montant de la pénalité est possible au moment de la constatation de l'infraction, les parties peuvent valablement transiger.

2- La transaction

L'article 2044 du Code civil définit la transaction comme un contrat par lequel les parties terminent une contestation née ou à naître. La transaction peut être provisoire (a) ou définitive (b).

a- La transaction provisoire

Le pouvoir de transiger relève de la compétence du directeur des douanes ou du ministre en charge des finances pour toutes les infractions préjudiciables à l'économie nationale. Ce pouvoir est reconnu au conseil des ministres de l'UEAC lorsque l'infraction est préjudiciable à plusieurs États de la CEMAC. Il serait cependant fastidieux, voire impossible de demander à ces autorités de transiger au moment de la constatation des infractions, sachant qu'ils ne sont pas en contact direct avec les usagers. C'est pour cela que les chefs locaux des douanes que sont les chefs de bureau ou de brigade ont reçu pouvoir de souscrire provisoirement les transactions. Les transactions provisoires ne sont que des sortes d'avant contrat, des projets de transaction, l'accord des parties n'étant pas définitif.

L'autorité compétente doit, le moment venu, statuer non seulement sur le principe même de la transaction, mais aussi sur le montant des pénalités proposées par ses collaborateurs. Si elle rejette les offres faites par les instances inférieures, les parties reviennent à leur position initiale et les poursuites peuvent être engagées contre l'infracteur ou alors, la transaction peut recommencer. Afin d'éviter que le délinquant utilise la transaction provisoire comme manœuvre dilatoire pour ralentir l'échéance de la condamnation judiciaire, la saisine de l'autorité hiérarchique est généralement conditionnée par l'exécution des pénalités provisoires arrêtées par le chef d'unité opérationnelle.

La transaction reste provisoire tant qu'elle n'a pas été définitivement ratifiée par l'autorité formellement chargée de la conclure.

---

[174] Cass. Crim. 22 mars 1982, doc cont. N° 1707.

b- La transaction définitive

La transaction devient définitive lorsque le contrat est définitivement validé par la personne compétente pour transiger. Cette validation peut être tacite ou explicite. Elle est tacite quand la transaction n'a pas été formellement remise en cause. Par ailleurs, « la transaction provisoire doit être considérée comme ratifiée par l'autorité compétente, et donc définitive, dès lors que celle-ci a écrit à l'infracteur pour lui confirmer les conditions de cette transaction et l'inviter à exécuter l'engagement qu'il a souscrit [175] ». Dès lors, le prévenu est tenu d'acquitter le montant de la pénalité tel que repris dans la transaction.

En cas d'inexécution des engagements par le cocontractant, l'administration peut, au titre des principes généraux des contrats synallagmatiques et en vertu des dispositions de l'article 1184 du Code civil, soit en demander la résolution avec dommages et intérêts, soit utiliser la force pour obtenir l'accomplissement des engagements. Dans la pratique, cette deuxième voie est privilégiée par la douane, en ce qu'elle lui permet de faire exécuter la transaction par voie de contrainte qui peut jouer le cas échéant, et ce conformément à l'article 319 CD, à l'égard de la succession. Lorsque l'administration a obtenu paiement de la somme due, elle doit en retour donner mainlevée des marchandises saisies ainsi que les expéditions retenues. Elle doit par ailleurs demander le cas échéant, aux autorités judiciaires d'interrompre l'action fiscale.

Sur un autre plan, l'article 2052 du Code civil dispose que les transactions ont à l'égard des parties, l'autorité de la chose jugée en dernier ressort, elles ne peuvent être attaquées pour cause d'erreur de droit ni pour cause de lésion. Ainsi, le juge a débouté le demandeur qui estimait qu'il s'est trompé et qu'il avait à tort reconnu l'existence de la contravention[176].

Toutefois, une transaction peut être rescindée lorsqu'il y a erreur dans la personne ou sur l'objet de la contestation. Elle peut l'être dans tous les cas où il y a dol ou violence (article 2053 du Code civil). Dans ce cas, la nullité peut être prononcée contre toute la transaction ou contre certaines de ses parties. En effet, la douane a utilement invoqué le dol lorsque le prévenu avait dissimulé sa solvabilité en produisant un faux certificat

---

[175] Cour d'Appel Montpellier, 24 octobre 1985, contentieux cours, *op. cit.* p. 122.
[176] CASS. CRIM. 3 janvier 1979. Doc. Cont. N° 1652.

d'indigence[177]. « Inversement, on doit admettre que le souscripteur pourrait demander l'annulation pour violence s'il établissait avoir subi des pressions de la part des agents de l'administration ; la simple menace de porter l'affaire en justice ne pouvant à l'évidence être retenue à ce titre[178] ».

Seules peuvent être rectifiées les erreurs de calcul dans la transaction commises dans les opérations arithmétiques faites, soit par les parties en commun, soit par le tiers qu'elles ont chargé de préparer la transaction ou de traduire en chiffres les bases de la transaction arrêtée entre elles (article 2058).

En définitive, on peut observer que la transaction douanière est moins un contrat au sens du Code civil qu'une mesure administrative tendant à assouplir les sanctions encourues par un infracteur. On peut d'ailleurs difficilement admettre que la commission de l'infraction a pu faire naître au profit du fraudeur un droit qu'il peut faire valoir à l'égard de l'administration dans le cadre d'un contrat. L'affirmation du caractère plus ou moins unilatéral de la transaction se fait sentir en matière de « passer outre ».

3- Le « passer outre »

Le « passer outre » découle du droit de transaction reconnu à l'administration en vue d'atténuer les sanctions fiscales encourues par le fraudeur. Il se traduit par une décision unilatérale de l'administration d'exonérer l'infracteur des peines qui pèsent sur lui. Dans cette perspective, l'administration décide de renoncer à son droit de poursuite et exige simplement du prévenu le paiement des droits et taxes en jeu. Le « passer outre » est généralement appliqué aux infractions ne présentant aucune gravité particulière au regard de ses effets sur les prohibitions, sur l'économie ou sur la fiscalité. Il peut aussi être accordé en raison de la bonne tenue du contrevenant, de son passé fiscal sans histoire, du caractère modeste de sa situation sociale et familiale ou de ses revenus.

Le règlement transactionnel des litiges douaniers est bénéfique aussi bien à l'administration qu'à l'infracteur. Il l'est davantage pour l'apaisement de l'environnement des affaires, propices au développement économique des nations. Pour être régulier, il doit se dérouler suivant des modalités et des mécanismes institués par les textes. Dans la pratique, il

[177] Cass. Civ. 19 janvier ; doc. Cont. N° 12 94.
[178] BERR et TREMEAU, *op. cit.*, p. 574.

appartient au prévenu de solliciter la transaction en proposant une offre concrète. Si l'offre est acceptée, la transaction est matérialisée par écrit.

C- La rédaction des actes transactionnels

La transaction doit être constatée par écrit et rédigée en autant d'exemplaires qu'il y a des parties ayant un intérêt distinct. Les actes transactionnels qui sont dispensés de la formalité du timbre et de l'enregistrement doivent être établis avec soins et contenir les informations suivantes : les noms, signature et qualité des parties (1), la mention de l'infraction constatée (2) et la relation des offres faites (3).

1- Les noms, signature et qualité des parties

Les actes transactionnels doivent comporter les noms, prénoms, grade et résidence administrative des agents des douanes. De même, ils doivent reprendre les noms, prénoms, nationalité, profession et domicile (réel ou élu) des souscripteurs de la transaction. Si ceux-ci ne transigent pas en leur nom propre, ils doivent impérativement indiquer non seulement leur qualité, mais également l'adresse complète des personnes au nom desquelles ils transigent. Les actes transactionnels doivent être datés et signés par des personnes capables de contracter, à peine de nullité. « Si la partie admise à transiger ne sait pas signer, il y a lieu d'exiger qu'elle se fasse représenter par un fondé de pouvoir muni d'une procuration régulière ou qu'elle soit assistée de deux témoins qui, par l'apposition de leur signature sur la transaction, attestent la réalité de la déclaration de l'intéressé et son adhésion aux stipulations, ces deux témoins ne doivent pas être pris parmi les agents des douanes[179] ».

2- La mention de l'infraction constatée

Certaines transactions tiennent lieu de procès-verbal. Cette formule est généralement utilisée pour les voyageurs et pour des infractions mineures. Dans ce cas, l'acte doit préciser l'infraction ou le litige qui fait l'objet de la transaction ainsi que sa qualification. Il s'agira essentiellement d'énoncer les faits litigieux ainsi que le lieu et la date de leur commission. Lorsque l'acte transactionnel est rédigé à l'appui d'un procès-verbal, il suffira de faire référence au procès-verbal, de rappeler sommairement les faits et qualifier l'infraction.

---

[179] Réglementation douanière, *op. cit.*, p. 503.

3- La relation des offres faites

La transaction doit comporter les offres faites par le prévenu. En ce qui concerne les soumissions contentieuses, on devra préciser les sûretés destinées à assurer l'exécution des engagements pris, étant entendu que la soumission ne comporte pas d'offres réelles, mais l'engagement du souscripteur de s'en remettre entièrement à la décision de l'administration.

Toutefois, l'article 130 CD donne la possibilité aux parties à un litige de différer le moment de la transaction, le temps pour elles de s'entendre sur l'objet de la négociation. Dans ce cas, la douane donne mainlevée de la marchandise, sous réserve pour l'usager de produire bonne et suffisante caution garantissant le paiement des droits et des pénalités éventuelles.

La transaction fait partie du commerce juridique quotidien aux douanes, compte tenu de sa flexibilité et des effets pratiques qui en découlent. Sur le plan national, le Cameroun a créé une instance appelée comité d'appel qui accompagne la transaction et joue un rôle majeur dans le dénouement des conflits entre l'administration et ses usagers.

Paragraphe III. Le comité d'appel : une solution d'attente

L'article 130 CD dispose que dans le cas où le service des douanes conteste, au moment de la vérification des marchandises, les énonciations de la déclaration relatives à l'espèce, à l'origine ou à la valeur, il en donne avis au déclarant qui doit, dans les vingt-quatre heures, faire connaître s'il accepte ou s'il contredit l'appréciation du service. Si le déclarant ou son fondé de pouvoir se refuse à accepter l'appréciation du service, la contestation est portée devant le directeur national des douanes qui décide. Si le déclarant ou son fondé de pouvoir continue à contester la position de l'administration, le litige est porté à l'arbitrage de la « Commission paritaire[180] ».

Le Cameroun a institué à travers la décision ministérielle 071/CF/MINEFI/DD du 30 décembre 1999, une instance dénommée « Comité d'appel ». Créé auprès du directeur des douanes, il est composé de quatre (04) représentants de l'administration et quatre (04) représentants du secteur privé. Cette instance ne semble pas à proprement

[180] L'Acte 3/98-UDEAC-603-CD-60 du 21 janvier 1998 a institué la commission paritaire dont la saisine par l'importateur est préalable à toute action judiciaire.

parler être la « commission paritaire » au sens de l'article 130 CD, mais elle joue à peu près le même rôle. Est-ce un choix volontaire du Cameroun ou une erreur d'appréciation ?

Une tentative de réponse à cette question est donnée par Monsieur Negou[181] lorsqu'il dit qu'à l'évidence, ses prérogatives s'inscrivent dans la mouvance du droit de recours visant à protéger les usagers des services des douanes contre les omissions et les décisions des responsables qui seraient contraires aux lois et règlements douaniers.

En effet, lorsque l'usager conteste les constatations du service des douanes et s'il devient nécessaire de différer la détermination définitive de la valeur, de l'espèce tarifaire ou de l'origine de la marchandise, l'administration autorise son enlèvement sous réserve d'une garantie fournie par l'usager et couvrant les droits et taxes de douane dont lesdites marchandises pourraient être passibles. Le déclarant en douane ou son mandant (importateur ou exportateur) saisit alors le directeur général des douanes (président du comité d'appel) si la contestation n'a pas connu de chute auprès des chefs hiérarchiques immédiats du fonctionnaire verbalisateur. Le comité d'appel n'est saisi que lorsque ces voies de recours qui lui sont hiérarchiquement inférieures ont été épuisées sans succès.

Aux termes de la note de service 023/MINEFI/DD2/CR du 17 janvier 2005, le comité d'appel doit être saisi moyennant versement d'une somme correspondant à 1% des droits compromis querellés avec un minimum de 50 000 F par dossier représentant la participation aux frais de fonctionnement du comité. Le caractère contradictoire des débats au comité est un gage de protection de l'usager qui a la possibilité de faire valoir ses arguments et qui peut se faire assister de son conseil ou de son avocat. La décision du comité d'appel est opposable aux deux parties. Si l'administration succombe, elle délivre une mainlevée de caution et abandonne les poursuites à l'égard de l'importateur. Si au contraire, l'usager n'a pas raison, l'administration peut porter le litige devant les tribunaux ou alors accepter la demande de transaction formulée par l'infracteur.

---

181 NEGOU, « Le Comité d'Appel, un instrument efficace pour le règlement des litiges douaniers », cité par NGUEDA NDIEFOUO in *La douane camerounaise à l'ère de la facilitation des échanges commerciaux, op.cit.*, p. 202.

Les règles du contentieux pénal douanier s'écartent sur plusieurs points de la voie tracée par le droit pénal général. Cette spécificité du droit douanier s'explique moins par la volonté du législateur de réprimer durement les atteintes à la réglementation, qu'à celle de protéger les intérêts du trésor mis à mal par les fraudeurs.

En effet, il serait fastidieux, voire impossible, du fait du caractère fugace de la fraude douanière et des difficultés liées à la preuve de l'infraction en la matière, de combattre le comportement blâmable de l'infracteur par les moyens de droit commun. Il est donc apparu nécessaire de bâtir un corps de règles homogènes garantissant à la douane des moyens supplémentaires pour limiter les effets pervers du commerce illicite sur le Trésor public et sur l'ordre public économique de la nation. Par ailleurs, le législateur a voulu que le contentieux douanier se règle de manière simple rapide et efficace, c'est sans doute pour cette raison que les possibilités de règlement à l'amiable des litiges ont été envisagées et même encouragées. Dans ce sens, les fraudeurs repentis et les délinquants primaires peuvent bénéficier de la clémence de l'administration. Le dialogue ainsi retrouvé est propice à l'apaisement de l'environnement des affaires et au développement du commerce international. Il reste tout de même à relever que, sans raison apparente le législateur a par moments complexifié les règles du contentieux pénal douanier au point de le rendre difficile à cerner.

Section II- Le règlement juridictionnel des litiges douaniers

Le règlement juridictionnel suppose les poursuites (Sous-section I) et le cas échéant, le prononcé des peines (Sous-section II).

Sous-section I- Les poursuites

L'initiative et l'exercice des poursuites sont réservés aux personnes que la loi désigne elle-même (Paragraphe I). Le procès en matière douanière est conduit suivant les formes consacrées par le droit commun (Paragraphe II).

Paragraphe I. L'exercice des poursuites

Deux types d'actions peuvent être exercés indifféremment : l'action publique (B) et l'action fiscale (A). Aux termes de l'article 318 CD l'action pour l'application des peines est exercée par le ministère public. Il ressort de la lecture combinée de ce texte et de l'article 319 CD qu l'action pour l'application des sanctions fiscales est exercée par l'administration des douanes qui est par ailleurs seule compétente pour mener les enquêtes aux fins d'établir les manquements au respect de la réglementation douanière. Cependant, le ministère public peut, accessoirement à l'action publique, exercer l'action fiscale.

A- Exercice de l'action fiscale

La plupart des règles de procédure de droit commun sont applicables en justice pour les affaires de douane. À cet effet, l'administration dispose de trois modes de saisine de la juridiction répressive lorsqu'elle décide de mettre en mouvement l'action fiscale : la remise au parquet (1), la citation directe (2) et l'action introductive d'instance fiscale (3).

1- La remise au parquet

L'article 307 CD instruit les agents verbalisateurs ayant constaté les délits de douanes de remettre les procès-verbaux au procureur de la République ou au magistrat qui en remplit les fonctions et de traduire devant celui-ci les prévenus capturés. Lorsque le prévenu lui est présenté en même temps que le procès-verbal, le procureur peut, selon les circonstances de l'espèce qu'il apprécie souverainement, engager la procédure du flagrant délit ou ordonner l'ouverture d'une information judiciaire.

Si le procureur retient la procédure du flagrant délit, il procède à l'identification du suspect, l'interroge sommairement et s'il engage des poursuites, le place en détention provisoire, ou le laisse en liberté avec ou sans caution. Dans tous les cas, le procureur de la République dresse procès-verbal de ses diligences et en cas de poursuite, traduit le suspect devant le tribunal à la toute prochaine audience (article 114 du Code de procédure pénale du Cameroun).

Suivant l'article 343 CD, la mise en liberté provisoire des prévenus résidant à l'étranger et arrêtés pour délit de contrebande doit être subordonnée à l'obligation de fournir un cautionnement garantissant le paiement des condamnations pécuniaires.

En tout état de cause, les dispositions du droit commun sur l'instruction des flagrants délits devant les tribunaux correctionnels sont applicables en matière douanière notamment aux cas relevés à l'article 307 précité.

L'information judiciaire est quant à elle obligatoirement ouverte en matière de crime. Elle est facultative en matière de flagrant délit et de contravention (article 142 CCP camerounais). Si la voie de l'information judiciaire est choisie, le procureur saisit le juge d'instruction à travers un réquisitoire introductif d'instance. Celui-ci rend une ordonnance à fin d'informer. Il procède alors à tout acte d'information nécessaire à la manifestation de la vérité. Il peut dans ce cadre inculper toute personne ayant pris part à la commission de l'infraction en tant qu'auteur, coauteur ou complice. Dans le cas contraire, le juge d'instruction prend une ordonnance de refus d'informer notamment lorsqu'il constate que « pour les causes affectant l'action publique, les faits ne peuvent donner lieu à poursuites ou que les faits objet de la poursuite ne constituent pas une infraction pénale ou que le suspect bénéficie d'une immunité[182] ».

2- La citation directe

Dans les instances résultant des contraventions aux lois et règlements douaniers, la citation à comparaître devant le tribunal peut être donnée par procès-verbal qui constate une contravention. Pour les autres instances, la citation est donnée conformément aux dispositions du Code de procédure civile (article 338 CD). « L'administration a recours à ce moyen lorsque dans une affaire simple, elle est en mesure d'apporter la preuve de l'existence d'une infraction douanière imputable à une personne identifiée. Dans ce cas, la citation ne vaut que pour l'action fiscale et non pour l'action publique. Si le parquet entend exercer l'action publique, il lui appartient de citer le prévenu à cette fin[183] ».

Selon une jurisprudence[184] constante, la citation doit mettre le prévenu en mesure de connaître avec précision les faits qui lui sont reprochés. Ne satisfont pas à cette exigence, les citations qui se bornent à énoncer que des commissionnaires en douane sont poursuivis pour diverses infractions douanières commises sur une période de cinq ans à l'occasion d'opérations d'importation, sans préciser les dates ou numéros de référence des opérations en cause ni la nature des marchandises sur lesquelles elles ont porté et sans indiquer le nombre et la date des procès-verbaux auxquels les citations renvoient et qui ne leur sont pas joints.

---

[182] Article 148 du Code de procédure pénale du Cameroun.

[183] NGONGO (J.R.), *op. cit.*

[184] Cass. Crim. 29 juin 2005, bull crim 201 cité par PANNIER (Jean), *Recueil de la jurisprudence douanière*, *op cit.*, p. 79.

En matière douanière, seuls les procès-verbaux joints à la citation peuvent préciser l'objet de cette dernière et l'étendue des poursuites. « encourt en conséquence la censure, l'arrêt qui, pour juger que la cour d'appel est saisie des faits commis pendant la période de temps non visée dans les citations, énonce que ces faits sont mentionnés dans les procès-verbaux, non joints aux dites citations, mais auxquels celles-ci se réfèrent, et que la valeur des marchandises de fraude figurant dans les citations directes correspond à celle qui figure dans les procès-verbaux »[185].

En marge de la citation directe, l'administration peut recourir à l'action introductive d'instance.

3- L'action introductive d'instance fiscale

Il est constant que l'infraction cause un dommage au Trésor public. Dans le cadre de la protection de ses intérêts, l'administration peut ne pas disposer de preuves complètes et indiscutables de l'infraction à la charge d'un prévenu donné, notamment en cas « d'affaires particulièrement complexes découvertes à la suite des procédures d'enquête mettant en cause éventuellement certaines personnes dont la culpabilité n'a pas pu être directement établie »[186]. Elle demande alors au tribunal l'ouverture d'une information judiciaire afin que soient recherchés les éléments qui manquent à la manifestation de la vérité. Cette demande peut se faire de deux manières : la saisine du juge d'instruction via le procureur de la République ou la plainte avec constitution de la partie civile. Dans le premier cas, le parquet est saisi par un acte introductif d'instance et peut avoir deux attitudes : il peut choisir de mettre en mouvement ou non l'action publique qu'il joint à l'action fiscale déclenchée par l'administration des douanes. Si l'infraction est susceptible d'être qualifiée de crime ou de délit, la douane qui s'estime lésée peut en portant plainte, se constituer partie civile devant le juge d'instruction compétent, conformément à l'article 157 du Code de procédure pénale. Ici, comme en matière de l'exercice de l'action publique, le procureur de la République a un rôle particulier à jouer.

---

[185] Cass. Crim 9 Mars 2005 in PANNIER (Jean), *Recueil de la jurisprudence douanière, op cit.*, p. 79.
[186] BERR (Claude J.) et TREMEAU, *op cit.*, p. 553.

B- Exercice de l'action publique

Conformément à l'article 59 (2) CPP du Cameroun, l'action publique tend à faire prononcer contre l'auteur d'une infraction, une mesure de sûreté édictée par la loi. Elle est conduite par le ministère public au nom de la société en vue de réprimer un trouble à l'ordre public. En effet, toute infraction douanière est susceptible de menacer l'ordre public économique de l'État et peut par conséquent justifier la mise en mouvement de l'action publique (1) suivant des modalités particulières. Toutefois, certains faits momentanés ou définitifs peuvent faire obstacle à l'action publique (2).

1- La mise en mouvement de l'action publique

La mise en mouvement de l'action publique désigne l'ensemble des actes de procédure pour l'application de la peine, depuis l'ouverture d'une information jusqu'à l'extinction de l'action publique. L'action publique est déclenchée et exercée par le ministère public ; elle peut aussi être mise en mouvement par une administration ou par la victime. « La mise en mouvement de l'action publique couvre donc toutes les hypothèses dans lesquelles l'action publique a été déclenchée, c'est-à-dire celles dans lesquelles le procureur a requis l'ouverture d'une information judiciaire, a fait citer le suspect directement devant le tribunal, l'a convoqué par procès-verbal, ou convoqué en comparution immédiate, et celles dans lesquelles la victime a déposé une plainte avec constitution de partie civile entre les mains du juge d'instruction »[187].

La victime peut déclencher l'action publique de manière exceptionnelle. Elle peut le faire à travers une plainte avec constitution de la partie civile ou par une citation directe. Le ministère public reçoit les plaintes et les dénonciations et apprécie souverainement la suite à leur donner. Il détient donc l'exclusivité de l'opportunité des poursuites. L'effort de la victime visera seulement la réclamation de la reconnaissance de la culpabilité du prévenu et l'octroi des indemnités.

L'action pour l'application des peines en matière douanière faut-il le rappeler, est exercée par le ministère public qui peut, accessoirement à l'action publique, exercer l'action fiscale. En effet, toute infraction peut donner lieu à l'ouverture d'une action publique par le parquet avec pour but l'application des peines. Dans ce cas, elle n'est pas subordonnée à

[187] CE 3 mai 2002, req. n° 239436.

l'existence d'une plainte et ne peut être arrêtée ni suspendue par le retrait de la plainte ou la renonciation à l'action civile.

L'action publique peut être empêchée par des obstacles qui la suspendent temporairement ou définitivement. On peut citer à cet égard l'exemple des inviolabilités liées aux immunités attachées à certaines fonctions.

2- Les obstacles à l'action publique

L'action publique peut être éteinte par la prescription, le décès, la transaction, l'amnistie ou le retrait de la plainte.

- La prescription

Aux termes de l'article 329 CD, l'action du service des douanes en répression des infractions douanières se prescrit dans les mêmes conditions que l'action publique en matière de délit de droit commun. Il s'ensuit que l'action fiscale se prescrit dans un délai de trois ans. Cette prescription triennale peut devenir trentenaire s'il y a avant les termes prévus, contrainte décernée et signifiée, demande formée en justice, condamnation, promesse, convention ou obligation particulière et spéciale relative à l'objet qui est répété. Il en est de même lorsque c'est par un acte frauduleux du redevable que l'administration a ignoré l'existence du fait générateur de son droit et n'a pas pu exercer l'action qui lui compétait pour en poursuivre l'exécution (article 333 CD).

- Le décès du prévenu

Le décès de l'auteur de l'infraction éteint en principe l'action publique et l'action fiscale. Toutefois, ces actions demeurent à l'égard des complices et des co-prévenus[188]. Si l'action pénale est éteinte à l'égard des auteurs de l'infraction, tel n'est pas le cas pour l'action fiscale. En effet, lorsque l'auteur d'une infraction douanière vient à décéder avant intervention d'un jugement définitif ou d'une transaction, l'administration est fondée à exercer contre la succession une action tendant à faire prononcer par le tribunal d'instance la confiscation des objets passibles de cette sanction ou, si ceux-ci n'ont pu être saisis, la condamnation au paiement d'une somme égale à la valeur desdits objets et calculée d'après le cours du marché intérieur à l'époque où la fraude a été commise (article 319 CD).

[188] Cass. Crim. 26 février 1948 cité par BERR et TREMEAU, *op cit.*, p. 556.

- La transaction lorsque la loi le prévoit expressément

La transaction fait disparaître à la fois l'action fiscale et l'actio publique. Elle éteint alors de manière radicale les poursuites.

Constituent également les causes de l'extinction de l'action publiqu conformément à l'article 62 CPP :

- l'amnistie

L'amnistie annule de manière rétroactive les sanctions prononcées à l'encontre du prévenu et efface toutes les peines qui pesaient sur lui. La personne ne peut toutefois prétendre au remboursement des amende payées au trésor ;

- le retrait de la plainte

Quand la plainte était une condition nécessaire à la mise en mouvemen de l'action publique, le désistement de la partie civile en matière d contravention et de délit, met fin à la procédure judiciaire.

Les juridictions saisies, aussi bien par la partie civile que par l parquet, dans le cadre de l'action publique comme dans celui de l'actio fiscale, doivent donner suite à la plainte.

Paragraphe II. La conduite du procès

Les règles en vigueur lors de la phase judiciaire de la répression de infractions douanières sont à peu près identiques à celles du droi commun, peu importent le degré de juridiction (A) ou les phases d jugement (B).

A- Les juridictions compétentes

Les suites à donner à une plainte sont fonction du tribunal compéten Les tribunaux compétents en matière de douane font l'objet des article 334 et suivants du code des douanes.

Sur le plan de la compétence ''Ratione Materiae'', les tribunaux d police[189] connaissent des contraventions douanières et de toutes le questions douanières soulevées par voie d'exception. Les tribunau correctionnels connaissent de tous les délits de douane et de toutes le questions douanières soulevées par voie d'exception. Ils connaisser

---

[189] République centrafricaine et République du Congo : tribunal d'instance ; Républiqu du Cameroun : tribunal de première instance.

pareillement des contraventions de douane connexes, accessoires ou se rattachant à un délit de douane ou de droit commun. Les tribunaux d'instance[190] connaissent des contestations concernant le paiement ou le remboursement des droits, des oppositions à contrainte et des autres affaires de douane n'entrant pas dans la compétence des juridictions répressives (article 334-336 CD).

Sur le plan de la compétence ''Ratione Loci'' : les instances résultant d'infractions douanières constatées par procès-verbal de saisie sont portées devant le tribunal dans le ressort duquel est situé le bureau de douane le plus proche du lieu de constatation de l'infraction. Les oppositions à contrainte sont formées devant le tribunal d'instance, dans le ressort duquel est situé le bureau de douane où la contrainte a été décernée. Les règles ordinaires de compétence en vigueur dans chaque État membre sont applicables aux autres instances (article 337CD).

Sur le plan de l'appel et de la cassation : les jugements rendus par les juridictions de premier niveau sont susceptibles de recours devant la cour d'appel. L'appel est, au risque de forclusion, notifié dans les huit jours qui suivent la signification du jugement. Les décisions de la cour d'appel peuvent donner lieu à un pourvoi en cassation. Les règles en vigueur dans chaque État membre concernant les pourvois en cassation en matière civile et en matière criminelle sont applicables aux affaires de douane (article 345 CD).

Les différentes règles applicables lors de la phase de jugement sont à maints égards celles en vigueur en matière de droit commun. Certaines spécificités liées aux particularismes du droit douanier restent cependant observées.

B- Les différentes phases du procès en matière douanière

Les décisions prises par les tribunaux (1) sont exécutées de manière à garantir les intérêts du trésor et à protéger l'administration contre des jugements décidés à la hâte (3). Les décisions de justice prises lors des procès douaniers sont exécutées (3) à la fois sous l'impulsion du parquet et de l'administration des douanes. En principe, l'exécution de la décision judiciaire relève, suivant les règles du droit commun de l'initiative du procureur en ce qui concerne les peines corporelles ; c'est à

[190] République gabonaise : tribunaux de grande instance.

l'administration qu'il appartient d'obtenir l'exécution des peines pécuniaires.

1- La prise des décisions

Devant les juridictions, l'action fiscale est engagée et exercée par le directeur national des douanes ou en son nom par ses représentants locaux ou désignés. Les règles de procédure à suivre en matière de citations, de jugements, d'oppositions, d'appels et de significations sont celles en vigueur dans l'État où a été constatée l'infraction. En d'autres termes, les dispositions du droit commun sont appliquées dans le cadre du jugement des infractions douanières quant au fond et à la forme.

Cependant, certaines règles particulières au droit douanier méritent d'être rappelées à ce stade. La mise en liberté provisoire des prévenus résidant à l'étranger et arrêtée pour délit de contrebande doit être subordonnée à l'obligation de fournir un cautionnement garantissant le paiement des condamnations pécuniaires (article 343 CD). En plus, l'article 348 (1) CD dispose que les juges ne peuvent, à peine d'en répondre en leur nom propre et privé, modérer ni les droits ni les confiscations et amendes, non plus qu'en ordonner l'emploi au préjudice de l'administration. Ils ne peuvent non plus donner mainlevée des marchandises saisies qu'en jugeant définitivement le tout, sous peine de nullité des jugements et des dommages et intérêts de l'administration (article 349 CD).

Par ailleurs, les juges des tribunaux et leurs greffiers ne peuvent expédier des acquits de paiement ou à caution, congés, passavants, réceptions, ou décharges des soumissions, ni ne rendre aucun jugement pour tenir lieu des expéditions (article 351 CD).

Au jour indiqué pour la comparution, le juge entend la partie si elle est présente et est tenu de rendre de suite son jugement. Si les circonstances nécessitent un délai, celui-ci ne peut, sauf le cas prévu par l'article 314 CD, excéder trois jours et le jugement de renvoi doit autoriser la vente provisoire des marchandises sujettes à dépérissement et des animaux servant au transport. Lorsqu'un jugement a été rendu par défaut, la partie défaillante peut y faire opposition dans les trois jours de la signification qui lui a été faite (article 339 CD).

Les objets saisis ou confisqués ne peuvent être revendiqués par les propriétaires ni le prix, qu'il soit consigné ou non, réclamé par les créanciers même privilégiés, sauf leur recours contre les auteurs de la fraude (article 355).

Les décisions rendues lors des procès de douane sont exécutées comme en matière de droit commun.

2- L'exécution des décisions de justice

Les décisions de justice, pour être exécutées, doivent être revêtues de l'autorité de la chose jugée, ce qui suppose que toutes les voies de recours ont été totalement épuisées. « Si l'exécution de la décision judiciaire relève, suivant les règles du droit commun de l'initiative du procureur en ce qui concerne les peines corporelles, c'est à l'administration qu'il appartient d'obtenir l'exécution des peines pécuniaires[191] ». Conformément à l'article 360 CD, cette exécution peut être poursuivie sur la personne du condamné par le biais de la contrainte par corps. Lorsqu'un contrevenant vient à décéder avant d'avoir effectué le règlement des amendes, confiscations et autres condamnations pécuniaires prononcées contre lui par jugement définitif ou stipulées dans les transactions ou soumissions contentieuses acceptées par lui, le recouvrement peut en être poursuivi contre la succession par toutes voies de droit, sauf par corps.

Toutefois, les amendes et confiscations douanières, quel que soit le tribunal qui les a prononcées, se prescrivent dans les mêmes délais que les peines correctionnelles de droit commun et dans les mêmes conditions que les dommages et intérêts.

Par ailleurs, l'exécution des peines pécuniaires peut être obtenue même avant jugement définitif et l'administration peut, dans ce cas, faire jouer certaines prérogatives qui lui sont reconnues par la loi. Ainsi, l'article 368 CD dispose qu'en cas de saisie de moyens de transport dont la remise sous caution aura été offerte par le procès-verbal et n'aura pas été acceptée par l'autre partie, ainsi qu'en cas de saisie d'objets qui ne pourront être conservés sans courir de risque de détérioration, il sera, à la diligence de l'administration des douanes et en vertu de la permission du juge d'instance[192] le plus voisin ou du juge d'instruction, procédé à la vente aux enchères des objets saisis. L'ordonnance portant permis de vendre sera signifiée dans le jour à la partie adverse conformément aux dispositions de l'article 341 paragraphe 2 CD, avec déclaration qu'il sera

---

[191] BERR et TREMEAU, *op cit.*, p. 564.

[192] République gabonaise : tribunal de grande instance.

immédiatement procédé à la vente, tant en l'absence qu'en présence, attendu le péril en la demeure. L'ordonnance du juge d'instance ou du juge d'instruction portant permis de vendre sera exécutée nonobstant opposition ou appel. Le produit de la vente sera déposé dans la caisse de la douane pour en être disposé ainsi qu'il sera statué en définitive par le tribunal chargé de se prononcer sur la saisie.

Les objets confisqués ou abandonnés quant à eux sont aliénés par le service des douanes lorsque le jugement de confiscation est passé en force de chose jugée ou, en cas de jugement par défaut, lorsque l'exécution provisoire a été ordonnée par le jugement de confiscation, ou après ratification de l'abandon consenti par transaction. Les décisions portant confiscation de marchandises saisies sur des particuliers inconnus, et par eux abandonnées et non réclamées, ne sont exécutées que huit jours après leur affichage à la porte extérieure du bureau des douanes ; passé ce délai, aucune demande en répétition n'est recevable (article 369 CD). Le code des douanes accorde aussi à l'administration des douanes certaines garanties dans l'exécution actuelle ou future des décisions de justice. Ainsi, dans tous les cas de constatation d'infraction douanière flagrante, les moyens de transport et les marchandises litigieuses non passibles de confiscation peuvent, pour sûreté des pénalités encourues, être retenus jusqu'à ce qu'il soit fourni caution ou versé consignation du montant desdites pénalités (article 357 CD).

L'administration des douanes a, pour les droits, taxes, confiscation, amende et restitution, privilège et préférence à tous les créanciers sur les meubles et effets mobiliers des redevables, à l'exception des frais de justice et autres frais privilégiés, de ce qui est dû pour six mois de loyer seulement, et sauf aussi la revendication dûment formée par les propriétaires des marchandises en nature qui sont encore emballées. Elle a pareillement hypothèque sur les immeubles des redevables, mais pour les droits et taxes seulement (article 358 CD).

Dans les cas qui requerront célérité, le juge d'instance pourra, à la requête de l'administration des douanes, autoriser la saisie, à titre conservatoire, des effets mobiliers des prévenus soit en vertu d'un jugement de condamnation, soit même avant jugement ; l'ordonnance du juge sera exécutoire nonobstant opposition ou appel. Il pourra être donné mainlevée de la saisie si le saisi fournit une caution jugée suffisante (article 365 CD).

En marge de ces prérogatives, l'administration a besoin pour être efficace, d'une certaine protection contre l'exécution hâtive de certaines décisions de justice.

3- La protection de l'administration contre certaines décisions de justice

Le code des douanes confère à l'administration douanière, garante des intérêts du Trésor public, une quasi-immunité contre l'exécution de certains types de décisions de justice rendues à son encontre. À ce titre, l'administration des douanes est autorisée à ne faire aucun paiement en vertu des jugements attaqués par les voies d'opposition, d'appel ou de cassation, à moins qu'au préalable ceux au profit desquels lesdits jugements ont été rendus n'aient donné bonne et suffisante caution pour sûreté des sommes à eux adjugées (article 361). En plus, toutes saisies des droits et taxes, faites entre les mains des comptables, des chefs de bureau des douanes ou en celles des redevables envers l'administration des douanes, sont nulles et de nul effet ; nonobstant lesdites saisies, les redevables sont contraints au paiement des sommes par eux dues (article 363 CD).

Dans le cas d'apposition de scellés sur les effets et papiers des comptables, les registres de recettes et autres de l'année courante ne doivent pas être renfermés sous les scellés. Lesdits registres sont seulement arrêtés et paraphés par le juge qui les remet à l'agent chargé du bureau des douanes par intérim, lequel en demeure garant comme dépositaire de justice, et il en fait mention dans le procès-verbal d'apposition (article 364 CD). Lorsque la mainlevée des objets saisis pour infraction aux lois, dont l'exécution est confiée à l'administration des douanes, est frappée de recours par jugements contre lesquels une voie de recours est introduite, la remise n'en est faite à ceux au profit desquels lesdits jugements ont été rendus que sous une bonne et suffisante caution de leur valeur. La mainlevée ne peut jamais être accordée pour les marchandises dont l'entrée est prohibée (art 362 CD).

Les sanctions prononcées contre les redevables par l'autorité judiciaire sont fonction de la gravité de la faute commise.

Sous-section II- Les sanctions encourues

On attribue généralement aux sanctions plusieurs fonctions :

- elles obligent le coupable à expier son forfait ; elles s'apparenten ainsi à une vengeance instinctivement ressentie par l'homme et que la justice est chargée d'exécuter ;

- elles satisfont le besoin de justice ressenti par la victime ou par la société ;

- la peine comporte aussi une fonction utilitaire et une fonctior didactique en ceci qu'elle peut dissuader le délinquant de commettre la faute, la peur du gendarme étant le commencement de la sagesse.

Les sanctions encourues par le fraudeur sont classées (Paragraphe I en fonction du but recherché par la peine ou de la gravité de la faute Elles sont calculées (Paragraphe II) suivant des modalités qui tiennen compte à la fois du montant des droits éludés ou compromis et de la valeur des marchandises objet du litige.

Paragraphe I. Classification des sanctions encourues

Aux termes de l'article 318 CD, l'action pour l'application des peine est exercée par le ministère public alors que l'action pour l'applicatio des sanctions fiscales est exercée par l'administration des douanes. I s'ensuit qu'il existe deux types de sanctions : les sanctions fiscales (B) e les sanctions pénales (A). Cette dualité s'explique par le caractèr essentiellement économique de la criminalité douanière qui conduit prévoir, outre des sanctions affectant la personne du contrevenant, de sanctions de nature patrimoniale destinées à réparer le préjudic économique subi[193].

A- Les sanctions pénales

La peine est le châtiment infligé à l'auteur d'une infraction. E matière douanière, le châtiment infligé à un délinquant peut prendre l forme d'une peine d'emprisonnement (1), d'une contrainte par corps (2) d'une astreinte (4) ou d'une peine privative des droits (3).

1- Les peines d'emprisonnement

L'emprisonnement prononcé en matière douanière est une pein privative de liberté qui a les mêmes caractères qu'en droit pénal généra Les juges peuvent par conséquent y appliquer les circonstance atténuantes et les sursis ; de même, il peut évoquer la récidive o

---

[193] Contentieux, cours inédit, Ecole nationale des douanes de La Rochelle, *op. cit.* p. 89

substituer à la prison une simple amende. L'action publique étant distincte de l'action fiscale exercée à des fins douanières, les juges peuvent, sans se contredire, assortir les peines prévues pour la première de ces actions du bénéfice des circonstances atténuantes et en refuser l'octroi aux pénalités encourues pour la sanction[194]. Les peines d'emprisonnement ne s'appliquent qu'aux délits douaniers.

Les peines d'emprisonnement peuvent être couplées aux peines privatives de droit ou de la contrainte par corps.

2- La contrainte par corps

L'article 360 (1) CD dispose que les jugements et arrêts portant condamnation pour infraction aux lois de douane sont, en outre, exécutés par corps. Le champ d'application de ce texte semble très large, car le législateur n'a pas défini le type d'infraction concernée, ni même le type de loi douanière qui une fois enfreinte, est susceptible d'entraîner la contrainte par corps.

Sur un autre plan, tout individu condamné pour contrebande est, nonobstant appel ou pourvoi en cassation, maintenu en détention jusqu'à ce qu'il ait acquitté le montant des condamnations pécuniaires prononcées contre lui. Cependant, la durée de la détention ne peut excéder celle fixée par la législation relative à la contrainte par corps (article 367 CD).

3- Les peines privatives de droit

Elles peuvent être prononcées par le juge ou par l'autorité douanière. Les peines judiciaires sont constituées par des incapacités qui frappent des personnes qui ont commis certains types de fraudes. Les articles 417 et 418 CD donnent la liste des peines susceptibles d'être prononcées par le juge dans ce cadre. Ainsi, en sus des sanctions prévues par le code des douanes, ceux qui sont jugés coupables d'avoir participé comme intéressés d'une manière quelconque à un délit de contrebande ou à un délit d'importation ou d'exportation sans déclaration sont déclarés incapables d'être électeurs ou élus aux chambres de commerce et aux tribunaux de commerce, tant et aussi longtemps qu'ils n'auront pas été relevés de cette incapacité. À cet effet, le procureur général envoie au directeur des douanes des extraits des jugements correctionnels devenus

---

194 Cass. crim. 1er octobre 1985, DE PADUANIS, La Semaine Juridique, Edition Générale n° 50, 11 décembre 1985, 102915.

définitifs ou des arrêts de la cour relatifs à ces individus et assure leur publicité par affichage dans les auditoires, bourses et places de commerce et insertion dans les journaux, conformément aux dispositions du code de commerce.

Sur le plan des sanctions administratives, quiconque sera convaincu d'avoir abusé d'un régime suspensif pourra, par décision de l'autorité nationale compétente, être exclu du bénéfice dudit régime et être privé de la faculté du transit et de l'entrepôt, ainsi que de tout crédit de droits. De même, celui qui prêterait son nom pour soustraire aux effets de ces dispositions ceux qui en auraient été atteints encourra les mêmes peines. Par ailleurs, le conseil des ministres peut, après avis du comité consultatif national des commissionnaires en douane agréés, retirer l'agrément à titre temporaire ou définitif octroyé aux commissionnaires en douane agréés coupables de fraudes ou d'activités préjudiciables aux intérêts de leur corporation. En marge de la peine privative des droits, l'astreinte peut être prononcée à l'égard de certains contribuables récalcitrants.

4- L'astreinte douanière

L'astreinte douanière est une pénalité spéciale infligée au débiteur d'une obligation pour refus de s'exécuter (article 416 CD). Elle a pour but de contraindre un assujetti à soumettre au contrôle, les livres et les documents qu'il a refusé de présenter spontanément aux agents des douanes chargés d'une enquête. En effet, selon l'article 416 (2) CD, indépendamment de l'amende encourue pour refus de communication dans les conditions prévues aux articles 76 et 117 du code des douanes, les contrevenants doivent être condamnés à représenter les livres, pièces ou documents non communiqués sous une astreinte de 100.000 francs au minimum par chaque jour de retard. Cette astreinte commence à courir du jour même de la signature par les parties ou de la notification du procès-verbal dressé pour constater le refus d'exécuter le jugement régulièrement signifié ; elle ne cesse que le jour où il est constaté, au moyen d'une mention inscrite par un agent de contrôle sur un des principaux livres de la société ou de l'établissement, que l'administration a été mise à même d'obtenir la communication ordonnée.

Seule l'administration, au nom de son pouvoir de transaction, peut modérer la condamnation. Le juge en revanche est immédiatement dessaisi et il ne lui appartiendrait pas de liquider l'astreinte à un niveau inférieur à celui qui résulte de la simple multiplication du taux par le nombre de jours de résistance[195].

Les sanctions pénales peuvent être prononcées seules, ou concomitamment avec les sanctions fiscales.

B- Les sanctions fiscales

Aux termes de l'article 318 (2) CD, l'action pour l'application des sanctions fiscales est exercée par l'administration des douanes ; le ministère public peut l'exercer accessoirement à l'action publique. Les sanctions fiscales sont constituées par l'amende (1) et la confiscation (2).

1- L'amende

Il est de jurisprudence constante que l'amende douanière est à la fois une peine et une réparation du préjudice subi par le Trésor public[196]. Elle est la pénalité privilégiée par l'administration douanière et s'applique aussi bien aux délits qu'aux contraventions. Le caractère ambivalent de l'amende douanière (peine et réparation civile) emporte quelques conséquences juridiques.

Considérée comme moyen de réparation du dommage causé à la collectivité, l'amende comporte les caractéristiques suivantes : chaque infraction ne peut [sauf dans des cas limitativement énumérés] donner lieu qu'à l'application solidaire notamment d'une amende fiscale unique, quel que soit le nombre de participants comme auteurs, complices ou intéressés[197]. En effet, l'article 393 CD dispose que les condamnations

---

[195] Cass. Com. 18 décembre 1990, bull civ. IV N° 328 P. 226 ; doc cont. 1863.

[196] Cass. crim. 7 avril 1992 AMBLER, Bull. Crim. N° 145 (les amendes douanières ont un caractère mixte, à la fois pénal et fiscal. Elles peuvent être prononcées même en l'absence des poursuites du ministère public lorsque l'administration des douanes exerce l'action pour les sanctions fiscales. Encourt la cassation l'arrêt qui, sur les poursuites de l'administration précitée, refuse de prononcer les amendes prévues par (...) le code, au motif qu'elles ont un caractère pénal et que l'action publique n'a pas été exercée). Cass. crim. 10 décembre 1998, JAMBON Sébastien, non publié (les amendes douanières possèdent, en raison de leur caractère mixte, répressif et indemnitaire, une nature propre, qui les fait échapper à la règle du non-cumul des peines prévue par (...) le Code pénal). Cass. Crim. 11 mai 2000, RATNASINGHAM Navaratnam, non publié (mais attendu qu'en statuant ainsi, et alors que les amendes et confiscations douanières ont le double caractère de sanctions pénales et de réparations civiles, la cour d'appel a méconnu le texte susvisé)...

[197] Cass. crim., 3 juin 1991, JESSEN/VOOGDT/DOLLEANS, RJD n° 61101, p. 149. Bull. crim. n° 233.

prononcées contre plusieurs personnes pour un même fait de fraude sont solidaires, tant pour les pénalités pécuniaires y compris celles tenant lieu de confiscation, que les dépens.

Il n'en est autrement qu'à l'égard des infractions aux articles 62 paragraphe 1 (oppositions aux fonctions) et 71, paragraphe 1 CD (refus du conducteur de moyen de transport de se soumettre aux injonctions et signaux d'arrêt des agents des douanes), qui sont sanctionnées par des amendes individuelles.

L'amende est due dès que le fait dommageable aux intérêts de la puissance publique est commis. Le type et le taux de l'amende à acquitter sont ceux en vigueur à la date de la commission de l'infraction, peu importe que le texte sanctionnant cette infraction ait ultérieurement été abrogé ou non.

Malgré le fait que les règles de la responsabilité édictées par le Code civil soient applicables en cette matière, les amendes douanières ne peuvent être ni réduites par le jeu des circonstances atténuantes, ni aggravées par la récidive, ni prononcées en sursis. Hormis les cas où la contrainte par corps est utilisée comme manifestation du caractère pénal de l'amende, le recouvrement de celle-ci répond aux règles de droit civil relatives à la créance fiscale. Le droit de transaction existe à l'égard de l'amende douanière.

En tant que sanction pénale :

- l'amende douanière est soumise au principe de la personnalité des peines. Ainsi, l'administration ne peut exercer contre la succession une action visant le recouvrement des amendes que si l'auteur principal de l'infraction est décédé après le jugement définitif (article 319 CD) ;

- elle est encourue dès que le fait délictueux a été commis sans qu'il soit nécessaire de prouver que ce fait a causé un dommage au trésor ;

- elle est prononcée et est susceptible d'être inscrite au casier judiciaire de l'infracteur ;

- elle peut être recouvrée par la voie de la contrainte par corps à l'égard du condamné si elle n'est pas volontairement réglée.

En définitive et en raison de leur caractère mixte, la jurisprudence[198], à la suite de l'article 360 CD, en conclut que les amendes et confiscations

[198] Cass. crim., 14 février 1983, GENTILINI, Bull. crim. nº 51.

douanières, quel que soit le tribunal qui les a prononcées, se prescrivent dans les mêmes conditions que les dommages-intérêts.

La confiscation est la deuxième mamelle des sanctions fiscales.

2- La confiscation

La confiscation est l'opération par laquelle le tribunal attribue à l'administration, la propriété d'un bien appartenant ou non à l'infracteur et utilisé pour la commission d'une faute. La confiscation dont le champ d'application est connu (a) suit par contre un régime juridique délicat à déterminer (b).

a- L'étendue de la confiscation

En matière douanière, la confiscation peut affecter aussi bien la marchandise de fraude, les moyens de transport que tout ce qui a servi à masquer la fraude.

- **Confiscation des marchandises de fraude**

Les marchandises de fraude désignent celles sur lesquelles porte l'infraction considérée. Les juges, comme la doctrine, semblent donner à la notion de marchandise le sens le plus large : « Constituent des marchandises (…), les produits qui viennent de l'étranger sans qu'il y ait lieu de s'occuper de l'usage que l'introducteur prétendrait de l'objet étranger qu'il présente à l'introduction[199] ». Au sens de la législation douanière, le mot marchandise désigne tout ce qui se trouve assujetti au contrôle douanier, que ces objets soient de nature commerciale ou non, y compris les objets personnels et usagés[200].

Comprise dans ce sens, la marchandise de fraude peut être confisquée, les moyens servant à son transport aussi.

- **Confiscation des moyens de transport**

Le moyen de transport dont il s'agit ici concerne aussi bien celui qui a servi au déplacement de la marchandise litigieuse, que les voitures éclaireuses qui, transportant les fraudeurs, servaient à éclairer le chemin emprunté par ceux-ci. Le juge donne à la notion de moyen de transport un sens très large.

---

[199] Cass. crim 24 juin 1948 doc. Cont. N° 834.
[200] Guide du contentieux douanier, cours inédit, p. 32.

Selon une jurisprudence[201] constante en effet, il n'est pas nécessaire pour être considéré comme moyen de transport, d'avoir une nature particulière (véhicules auto propulsés ou non, animaux à l'exemple des ânes …), il suffit seulement que celui-ci ait pu être utilisé pour le déplacement de la marchandise de fraude. Il n'est pas non plus nécessaire que le moyen de transport ait été mis en mouvement pour être confisqué il importe seulement que les marchandises de fraude aient été mises sur le moyen de transport en vue de son transport même si le transport n'a pas encore débuté.

En matière douanière, la confiscation peut affecter aussi bien la marchandise de fraude, les moyens de transport que tout ce qui a servi à masquer la fraude. La confiscation peut même être prononcée à l'égard des moyens de transport en commun. Le juge a ainsi posé le principe de la confiscation d'un wagon[202] de train dans lequel avait pris place un voyageur portant des marchandises frauduleuses ou celle d'un car[203] ou encore d'un navire[204]. Les objets servant à masquer les marchandises de fraude subissent le même sort que les moyens de transport.

- **Confiscation des objets servant à masquer la fraude**

Les objets servant à masquer la fraudes est tout dispositif physique (emballages, d'autres marchandises…) qui a pour but de soustraire la marchandise de la vigilance du service des douanes. Il faut à cet égard établir que lesdits objets qui sont généralement en contact des marchandises de fraude, servaient à les dissimuler et à les mettre à l'abri de la visite douanière. Seule l'appréciation des circonstances de la découverte de la fraude peut permettre d'établir ce lien de causalité entre les objets servant à camoufler les marchandises litigieuses et celles-ci (pointes d'ivoire, marchandises prohibées dissimulées dans les billes de bois destinés à l'exportation par exemple).

La confiscation des objets (marchandises de fraude, celles servant masquer fraude ainsi que les moyens de transport) se fait suivant les modalités prévues par différents textes.

---

[201] Cass. crim 5 mai 1934 doc cont. N° 641 ; 11 février 1959 *ibid.*, N° 1335.
[202] Cass. crim. 5 juillet 950 doc cont. N° 938 cité par BERR et TREMEAU, *op cit.*
[203] Cass. crim. 28 juillet 1950, doc. Cont. N° 940, cité par BERR et TREMEAU, *op cit.*
[204] Cass. Crim. 1 mars 1920 Bull. crim. N° 129, p. 208.

b- Les modalités de la confiscation

Les modalités de la confiscation varient suivant qu'elle est prononcée en nature ou en valeur.

- La confiscation en nature ou réelle

Elle porte sur le corps du délit, c'est-à-dire sur l'objet de la fraude lui-même et a pour effet la dépossession du propriétaire de l'objet confisqué au profit de l'État. Elle est toujours prononcée dès que le fait matériel de l'infraction est perpétré, alors même que l'auteur de la fraude serait inconnu, hors de cause ou s'il échapperait aux poursuites pour une raison quelconque[205]. Le propriétaire de la marchandise ne peut pas s'opposer à la confiscation au motif qu'il n'a pas lui-même participé à la commission de l'infraction. En plus, les objets saisis ou confisqués ne peuvent être revendiqués par les propriétaires ni le prix, qu'il soit consigné ou non, réclamés par les créanciers, même privilégiés, sauf leur recours contre les auteurs de la fraude (article 355 CD).

Seul l'article 419 CD a introduit un cas particulier où la confiscation des moyens de transport est subordonnée à la preuve que son propriétaire a participé à la commission de la fraude. Cet article dispose en effet que dans les cas d'infractions visées aux articles 410 paragraphe 2° et 413 paragraphe 1°, la confiscation ne peut être prononcée qu'à l'égard des objets de fraude. Toutefois, les marchandises masquant la fraude et les moyens de transport ayant servi au débarquement et à l'enlèvement des objets frauduleux sont confisqués lorsqu'il est établi que le possesseur de ces moyens de transport est complice des fraudeurs.

- Confiscation par équivalent

Encore appelée confiscation en valeur ou fictive, la confiscation par l'équivalent a un caractère proche de celui d'une amende. Elle est prononcée aux termes de l'article 420 CD lorsque les objets susceptibles de confiscation n'ont pu être saisis ou lorsque, ayant été saisis, la douane en fait la demande. Le tribunal prononce dès lors, pour tenir lieu de confiscation, la condamnation au paiement d'une somme égale à la valeur représentée par lesdits objets. Cette valeur est calculée d'après le cours du marché intérieur à l'époque où la fraude a été commise. La douane demande généralement à substituer une confiscation en valeur à une confiscation en nature dans « le souci de dédommager effectivement

---

205 Cass. Crim. 20 mars 1952, doc cont. N° 997, Pau, 8 octobre 1958, *op. cit.*

le trésor au cas où les objets de fraude seraient, soit impossibles à négocier (marchandises prohibées par exemple), soit susceptibles d'une trop forte dépréciation[206] ».

Les sanctions prononcées contre les fraudeurs doivent être bien calculées, de manière à permettre au Trésor public de compenser le préjudice qu'il a souffert.

Paragraphe II. Modalités de calcul des sanctions

La détermination de certaines sanctions applicables ne pose pas de problème particulier tant les bases de leur calcul sont généralement simples (A) (peines d'emprisonnement, confiscation, amende sanctionnant les contraventions de première classe). Dans les autres cas, les modalités de calcul des sanctions sont plus complexes (B) et il est nécessaire de maîtriser l'assiette de l'amende ainsi que certaines modalités spécialement aménagées par le code pour réprimer certaines infractions. Le code des douanes ne règle pas la question de la répartition du produit de l'amende, laissant ainsi le soin aux administrations nationales de le faire (C).

A- Modalités générales de détermination des sanctions

De manière générale, l'amende est le mode de sanction privilégié par la douane. Les peines pécuniaires prononcées lors des contraventions de la deuxième à la cinquième classe et lors des délits sont fonction des droits compromis (2), de la valeur des marchandises de fraude (1) ou du caractère prohibé ou fortement taxé de celles-ci (3).

1- Détermination de la valeur des marchandises de fraude

Une lecture attentive de l'article 420 CD laisse penser que lorsque l'amende douanière a pour assiette la valeur des marchandises de fraude, celle-ci est calculée d'après le cours du marché intérieur à l'époque où la fraude a été commise.

Qu'adviendrait-il s'il n'est pas possible d'établir le cours du marché intérieur de la marchandise de fraude parce que le produit serait rare sur ce marché ? L'on peut se référer au prix de l'offre d'achat dudit produit. La Cour de cassation a en effet décidé que « Fait l'exacte application [du code des douanes], l'arrêt qui, pour fixer le montant des pénalités

---

[206] BERR et TREMEAU, *op. cit.*, p.500.

douanières prévues par [l'article 420C.D.], dans les limites des conclusions de l'administration poursuivante, se réfère au prix obtenu par l'objet de fraude dans une offre d'achat dont la sincérité n'est pas contestée[207] ».

Le problème se complique lorsque le produit, à l'instar des stupéfiants, ne se vend que dans le marché au noir et ne peut pas donner lieu à un prix connu sur le marché intérieur. La jurisprudence[208] estime qu'il appartient aux juges de tenir compte des circonstances de fait pour fixer le montant de la pénalité. Ils peuvent s'appuyer sur les aspects non contestés du procès-verbal des douanes, ou faire leurs les évaluations proposées par l'administration des douanes dans leurs conclusions ou s'inspirer des informations tirées des débats ou même requérir les avis d'un expert pour fixer le montant de l'amende.

Pour des objets endommagés avant la saisie, la jurisprudence[209] retient la valeur de ces objets calculés sur la base du prix du marché intérieur des objets similaires en bon état. Le but visé est de déjouer la manœuvre du délinquant qui, sur le point d'être appréhendé, détruit ou détériore volontairement les objets de fraude en vue de faire diminuer l'amende.

Pour sanctionner les fausses déclarations ou manœuvres ayant pour but ou pour effet d'obtenir, en tout ou partie, un remboursement, une exonération, un droit réduit ou un avantage quelconque attaché à l'importation ou à l'exportation (infractions prévues à l'article 412. 4 CD) les pénalités sont, conformément à l'article 424 CD, déterminées d'après la valeur attribuée pour le calcul du remboursement, l'exonération, du droit réduit ou de l'avantage recherché ou obtenu si cette valeur est supérieure à la valeur réelle.

Lorsque les pénalités ne sont pas applicables sur la base de la valeur, elles le sont en fonction des droits compromis ou éludés.

2- Détermination des droits compromis ou éludés

Les droits compromis ou éludés sont constitués par la différence entre le montant des droits légalement exigibles et celui dont la perception a été effectuée ou aurait été effectuée si l'infraction n'avait pas été découverte. Lorsqu'une même déclaration comporte plusieurs articles

[207] Cass. crim., 14 janvier 1991, WAELE, Bull. crim. n° 22.

[208] Cass. crim 24 février 1999, PANNIER (Jean), *Recueil de la jurisprudence douanière* (1990-2010), Economica, 2010, p. 25.

[209] GRENOBLE, 27 octobre 1950, doc. Cont. N° 980.

entachés d'irrégularités (indue perception dans l'un et droit compromis dans l'autre), l'irrégularité dans un sens ne peut pas compenser l'irrégularité dans l'autre.

Par-delà les efforts à déployer pour la détermination des droits éludés ou compromis, mais aussi de la valeur des marchandises de fraude, le verbalisateur doit tenir compte de certaines informations relatives à la marchandise.

3- Identification de certains éléments relatifs à la marchandise

Pour fixer la sanction fiscale, l'agent verbalisateur doit rechercher si la marchandise est fortement taxée (b), prohibée (a) ou soumise à des taxes intérieures. Ces informations sont nécessaires à la détermination du niveau de l'amende.

a- Marchandise prohibée

Selon l'article 51 CD, sont considérées comme prohibées toutes marchandises dont l'importation est interdite à quelque titre que ce soit, ou soumises à des restrictions, à des règles de qualité ou de conditionnement ou à des formalités particulières. Lorsque l'importation ou l'exportation n'est permise que sur présentation d'une autorisation, d'une licence, d'un certificat, etc., la marchandise est prohibée si elle n'est pas accompagnée d'un titre régulier ou si elle est présentée sous le couvert d'un titre non applicable.

L'article 51 bis ajoute en plus que sont prohibés à l'entrée, exclus de l'entrepôt, du transit et de la circulation, tous produits étrangers, naturels ou fabriqués portant, soit sur eux-mêmes, soit sur leurs emballages, caisses, ballots, enveloppes ou étiquettes, etc., une marque de fabrique ou de commerce, un nom, un signe ou une indication quelconque de nature à faire croire à tort qu'ils ont été fabriqués dans un État avec lequel a été signé un accord en l'objet, ou qu'ils en sont originaires. Cette disposition s'applique également aux produits étrangers, fabriqués ou naturels, obtenus dans une localité de même nom qu'une localité des États visés ci-dessus, qui ne portent pas en même temps que le nom de cette localité, le nom du pays d'origine et la mention ''importée'' en caractères manifestement apparents.

Sont en outre prohibés à l'entrée et exclus de l'entrepôt tous produits étrangers contrefaits (article 52 CD).

b- Marchandise fortement taxée

Aux termes de l'article 6 CD, les marchandises fortement taxées sont celles qui supportent une taxation globale égale ou supérieure à 25 % de la valeur imposable. La taxation globale dont il s'agit ici comprend aussi bien le tarif extérieur commun que les taxes à caractère fiscal (droits d'accises par exemple) ou les taxes pour service rendu, perçues au moment du franchissement de la frontière (redevance informatique par exemple).

Le caractère fortement taxé ou prohibé de la marchandise de fraude constitue une cause d'aggravation spéciale de la peine en matière douanière. En effet, la prohibition d'entrée ou de sortie applicable à certaines marchandises, leur assujettissement à des droits de sortie ou leur classement dans la catégorie des marchandises fortement taxées à l'entrée « a pour effet de transformer en délit certaines contraventions de contrebande, d'importation ou d'exportation sans déclaration [(article 401 et 403)] portant sur des marchandises ayant une des caractéristiques visées ci-dessus[210] ».

De même, lorsque les délits de première classe sont commis par une réunion de plusieurs fraudeurs ou si ceux-ci commettent la fraude à l'aide de certains types de moyens de transport, l'infraction migre du délit de première classe vers le délit de deuxième (article 404 CD) ou de troisième classe (article 405 CD).

Dans la même logique, le fait de dissimuler les objets de fraude dans des cachettes spécialement aménagées ou dans des cavités ou espaces vides, qui ne sont pas normalement destinés au logement des marchandises fait assimiler les importations ou exportations sans déclaration à des actes de contrebande.

Cependant, le législateur a prévu des cas où les sanctions sont calculées suivant certaines modalités spécifiques.

B- Modalités spécifiques de détermination des sanctions

Dans les hypothèses suivantes, le code des douanes a défini des règles spécifiques de détermination de l'assiette de l'amende douanière.

1- Lorsqu'il n'est pas possible de déterminer le montant des droits et taxes réellement exigibles ou la valeur réelle des marchandises

[210] *Guide du contentieux douanier*, *op. cit.*, p. 36.

litigieuses, en particulier dans les cas d'infractions prévues par les articles 400, paragraphe 2a, 407 paragraphe 2c, 409, paragraphe 2° et 410 paragraphe 1° du code des douanes, les pénalités sont liquidées sur la base du tarif général applicable à la catégorie la plus fortement taxée des marchandises de même nature et d'après la valeur moyenne indiquée par la dernière statistique douanière disponible (article 421 CD).

2- Lorsque les marchandises de fraude ne sont pas emballées, en aucun cas les amendes, multiples de droits ou multiples de la valeur prononcées pour l'application du code ne peuvent être inférieures à 100.000 francs CFA par colis ou à 100.000 francs par tonne ou par fraction de tonne. Au surplus, lorsqu'une fausse déclaration dans la désignation du destinataire réel a été constatée après enlèvement des marchandises, les peines prononcées ne peuvent être inférieures à 1000.000 francs par colis s'il s'agit de marchandises non emballées (article 422 CD).

3- Aux termes de l'article 423 CD, lorsque le tribunal a acquis la conviction que des offres, propositions d'achat ou de vente ou conventions de toute nature portant sur les objets de fraude ont été faites ou contractées à un prix supérieur au cours du marché intérieur à l'époque où la fraude a été commise, il peut se fonder sur ce prix pour le calcul des peines fixées par le code des douanes en fonction de la valeur desdits objets.

La répartition du produit de l'amende est particulière à chaque pays de la CEMAC. Au Cameroun par exemple, le produit de l'amende est réparti suivant les modalités prévues par le décret N° 96/217/PM du 02 avril 1996.

C- Répartition du produit de l'amende

Le code des douanes ne règle pas cette question, laissant ainsi le soin aux administrations nationales de le faire. Au Cameroun, la répartition du produit de l'amende est régie par décret N° 96/217/PM du 02 avril 1996 modifiant certaines dispositions du décret N° 94/240/PM du 27 mai 1994 fixant le mode de répartition du produit des amendes et confiscations pour infraction au code des douanes. Suivant ce texte, le Trésor public, l'agent verbalisateur, les mutuelles de douanes, etc., ont chacun droit à une part du produit de l'amende.

L'une des originalités du contentieux douanier reste l'utilisation de la voie transactionnelle qui permet de régler, sans recours à l'autorité judiciaire, la majeure partie des litiges douaniers.

TITRE 3

Le contentieux du recouvrement et de change

Le recouvrement est l'ensemble des actions et opérations entreprises pour obtenir au profit de l'État, le règlement des créances mises à la charge des redevables par la loi ou résultant des jugements, arrêts ou conventions. En d'autres termes, l'action en recouvrement menée par la douane s'entend des démarches qu'elle engage pour obtenir le règlement de ses créances.

La plupart du temps, l'action en recouvrement consiste en la prise en charge comptable des droits constatés et payés volontairement par le redevable. Le cas échéant, une phase d'exécution forcée est engagée. Au cours de celle-ci, le service prend des mesures coercitives à l'encontre du patrimoine du débiteur pour obtenir le paiement immédiat de la dette ou pour en assurer un recouvrement ultérieur, lorsque le recouvrement immédiat n'est pas souhaitable ou possible. Dans cette perspective, le contentieux du recouvrement en matière douanière (Chapitre V) a pour vocation de rechercher l'encaissement des droits et taxes dus par des redevables défaillants.

Par ailleurs, à la faveur de ses positions aux frontières, les douanes interviennent dans le contrôle des changes dans le sens de la régulation des flux transfrontaliers de capitaux et de la prévention de la criminalité économique. Le contentieux de change (Chapitre VI) ne relève pas à proprement parler du contentieux douanier. Il est étudié ici en raison des pouvoirs de plus en plus importants que prennent les services des douanes en matière de contrôle des mouvements internationaux des capitaux. En effet, le décret N° 2013/066 du 28 février 2013 portant organisation du ministère des Finances du Cameroun charge la direction générale des douanes de procéder au contrôle de change. Le contentieux du recouvrement autant que celui du change ont chacun un champ précis.

Chapitre V

Le contentieux du recouvrement

Le contentieux du recouvrement peut naître dans deux hypothèses :

- Le redevable peut réclamer le remboursement de l'indue perception qu'il estime avoir effectué à tort au profit de l'administration. Dans ce cas, il intente une action en remboursement des droits. Cette partie ne donnera pas lieu à des développements particuliers dès lors que sa mise en œuvre ne dépend que des convenances personnelles du demandeur. En tout cas, dans le cadre de ce contentieux, l'État n'agit qu'en défendeur.

- Le redevable peut, pour des raisons diverses, s'opposer au paiement de l'impôt mis à sa charge par l'administration des douanes. Si celle-ci dispose d'un titre régulier et suffisant, elle procède par voie de contrainte (Section I) ou d'avis à tiers détenteur (ATD)[211] (Section II) au recouvrement forcé de sa créance. Le litige naîtra alors de l'opposition du débiteur à la contrainte ou de l'ATD. En l'absence d'un tel titre, l'administration des douanes saisit alors le juge d'une action en paiement des droits.

Section I - Les poursuites par voie de contrainte

« La contrainte est un acte administratif qui permet à l'administration des douanes, le recouvrement de certaines de ses créances par une procédure simple et rapide, sans avoir besoin d'engager une action en justice. La contrainte dûment signée a le caractère de titre exécutoire ; elle a les effets (Paragraphe II) d'un jugement civil rendu par défaut[212] ». Elle est utilisée pour le recouvrement des créances qui correspondent à certaines caractéristiques (Paragraphe I). Ça peut par exemple être le cas d'une créance née, soit d'une transaction signée librement et sans contrainte, soit des droits et taxes éludés ainsi que des amendes fixées par une décision de justice. La mise en mouvement de la contrainte répond à des règles de forme et de fond précises.

---

[1] Réglementation douanière, N° 611 p. 440.
[2] Réglementation douanière, *ibid.*

Paragraphe I. Étendue des créances visées par la contrainte

La question d'apparence banale est celle de savoir si l'administration des douanes peut user de la contrainte pour obtenir du débiteur le paiement à son profit des seuls droits à caractère fiscal ou si au contraire elle peut s'en prévaloir pour obliger le redevable à s'acquitter de tous les droits et taxes que cette administration est chargée de recouvrer. Cette question pose en fait le problème des types de créances visés par la contrainte (A) ainsi qu'en filigrane, celui des modalités de la mise en œuvre de cette prérogative (B).

A- Types de créances visés par la contrainte

Lorsque l'administration des douanes détient un titre suffisant sur une créance, elle peut se dispenser de s'adresser à la justice pour le recouvrement de la dette. Il faut pour cela que l'administration dispose d'un titre certain sur la créance et que celle-ci soit exigible et liquide au moment où la contrainte est décernée. Le caractère certain de la créance suppose que le montant de celle-ci est connu et est fixe. Les amendes dont les chiffres sont variables entre un minimum et un maximum (ceux prévus à l'article 399 CD par exemple oscillant entre 500 000 et 2000 000 de FCFA) ne sont pas certaines. Cependant, « en cas de soumission contentieuse, la créance dont la fixation du montant dans la limite du maximum des pénalités encourues dépend de l'administration, est considérée comme recouvrable par voie de contrainte [213] ».

Dans ces conditions, le directeur et les chefs de bureau des douanes peuvent, en vertu de l'article 321 CD, décerner contrainte pour le recouvrement :

1- Les droits et taxes de toute nature que l'administration des douanes est chargée de percevoir ;

2- Pour le paiement des droits, amendes et autres sommes dues en cas d'inexécution des engagements contenus dans les acquits-à-caution et soumissions ;

3- D'une manière générale, dans tous les cas où l'administration est en mesure d'établir qu'une somme quelconque lui est due.

Cette position est réaffirmée par la loi camerounaise n° 2009 /018 du 15 décembre 2009 portant loi de finances quand elle parle de

[213] Réglementation douanière, p. 486.

« recouvrement des droits, taxes, amendes et autres frais incombant à l'administration des douanes ». En d'autres termes, la contrainte permet au service des douanes de recouvrer les frais de toute nature dont la perception relève de sa compétence.

La contrainte faut-il le rappeler, constitue un acte administratif unilatéral de portée individuelle, produisant des effets juridiques à l'égard d'un ou de plusieurs administrés. Pendant longtemps, une controverse a agité la doctrine et la jurisprudence relativement à la motivation formelle de la contrainte en tant qu'acte administratif. La conclusion d'Éric van Brustem[214] à la suite de deux arrêts de la Cour de cassation des 20 mars et 22 mai 2008 est à cet égard édifiante : il dit en effet que « la Haute juridiction a manifestement voulu poser le principe selon lequel, l'obligation de motivation doit être envisagée dans le contexte de la signification d'une contrainte fiscale et doit être distinguée de la question de la charge de la preuve qui permet à l'administration d'apporter de nouveaux éléments, non mentionnés dans la contrainte, dans le courant de la procédure.

Elle a également fixé des limites à l'étendue de la motivation en décidant que si le procès-verbal constituant l'annexe de la contrainte doit être signifié avec celle-ci, aucune disposition légale ne prévoit, en revanche, que les pièces auxquelles il est renvoyé dans le procès-verbal soient signifiées avec la contrainte. Enfin, le non-respect de l'obligation de motivation formelle ne conduit pas nécessairement à écarter l'acte administratif concerné ». La contrainte doit néanmoins répondre à certaines exigences pour être valable.

B- Les modalités de la contrainte douanière

Les contraintes sont décernées par le comptable compétent ou ses préposés pour non-paiement des droits et taxes de douane et dans tous les autres cas par l'administration des douanes (article 323 CD). La loi camerounaise n° 2009/018 précitée a apporté quelques éclairages à cet article du code des douanes. En effet, d'après cette loi, lorsque le redevable ne s'est pas acquitté des droits, taxes, amendes et autres sommes dont il est tenu à la date d'exigibilité, le directeur général des douanes ou le chef de secteur compétent lui adresse une lettre de rappel comportant outre les références de la créance, sa cause et son montant. Le redevable est tenu de s'acquitter de sa dette dans un délai de huit jours

---

[214] Éric Van Brustem : Revue Générale du Contentieux Fiscal (*R.G.C.F.*)

francs à compter de la date de rappel. Si le redevable ne s'est pas exécuté dans les délais prescrits, le directeur général des douanes ou le chef de secteur compétent soumet une contrainte rédigée suivant les prescriptions réglementaires au visa du juge, conformément aux dispositions des articles 321 et 323 CD.

La contrainte doit comporter copie du titre qui établit la créance. Elle doit être visée sans frais par les juges d'instance qui ne peuvent, sous quelque prétexte que ce soit, refuser le visa de toutes contraintes qui leur sont présentées, sous peine d'être, en leur propre et privé nom, responsables des objets pour lesquels elles sont décernées (article 325 CD).

La contrainte est signifiée par l'administration à la personne ou à son domicile, si elle en a un, réel ou élu, dans le lieu de l'établissement du bureau, sinon au maire de la commune ou à défaut, à l'autorité régionale ou locale du lieu.

Les contraintes ne sont pas soumises à la formalité d'enregistrement. Elles sont exécutoires par toutes les voies, sauf par corps ; leur exécution ne peut être suspendue par aucune opposition ou autre acte (article 360 CD). Selon la réglementation douanière[215], les contraintes conservent leur force exécutoire tant qu'elles n'ont pas été atteintes par la prescription trentenaire. Les personnes contre lesquelles sont décernées contrainte peuvent entre autres voies de recours faire opposition à l'exécution de celle-ci.

Paragraphe II. Effets de la contrainte et voies de recours formés contre elle

La contrainte régulièrement décernée produit des effets immédiats à l'égard du contribuable (A). Ces effets qui atteignent le patrimoine de l'entreprise peuvent mettre à mal son équilibre financier. C'est pour cela qu'il importe au redevable de prendre à temps des dispositions utiles pour se prémunir contre la contrainte (B).

A- Les effets de la contrainte

La contrainte dûment signifiée, faut-il le rappeler, a le caractère de titre exécutoire et elle produit les effets d'un jugement civil rendu par défaut. À cet égard, les contraintes douanières emportent hypothèque de

[215] Réglementation douanière, *op. cit.*. p.490.

la même manière et aux mêmes conditions que les condamnations émanant de l'autorité judiciaire (art. 358-3 CD). Les contraintes sont exécutoires par toutes voies de droit, sauf par corps. L'exécution des contraintes ne peut être suspendue par aucune opposition ou autre acte (article 360-3 CD) sauf pour le redevable à procéder au paiement ou à la consignation de la somme réclamée.

La contrainte visée est également servie aux banques du redevable pour exécution. Si les sommes disponibles dans les comptes du redevable s'avèrent insuffisantes pour éponger sa dette, le directeur général des douanes ordonne la saisie de ses meubles et prend une hypothèque sur ses immeubles conformément aux dispositions de l'article 358 CD[216]. La saisie susvisée est matérialisée par un procès-verbal de saisie rédigé conformément aux articles 299, 300, 301 et 302 CD[217]. Dans le cas où les biens saisis ne peuvent être transportés dans un bureau des douanes, le receveur des douanes signataire appose les scellés sur les immeubles abritant lesdits biens. Sur instruction du directeur général des douanes, le chef de secteur des douanes compétent organise la vente des biens meubles saisis ainsi que les immeubles constitués en hypothèque suivant la procédure prescrite aux articles 371, 372, 373 et 374 CD (article deuxième-2h-i-j-k de la loi 2009 précitée).

L'administration des douanes ne peut former aucune contrainte en vue du recouvrement des droits trois ans après que lesdits droits auraient dû être payés. Toutefois, la prescription ainsi évoquée n'a pas lieu et devient trentenaire quand il y a avant les termes prévus, contrainte décernée et

---

[216] Aux termes de l'article 258 CD :
1 – L'administration des douanes a, pour les droits, taxes, confiscation, amende et restitution, privilège et préférence à tous les créanciers sur les meubles et effets mobiliers des redevables, à l'exception des frais de justice et autres frais privilégiés, de ce qui est dû pour six mois de loyer seulement, et sauf aussi la revendication dûment formée par les propriétaires des marchandises en nature qui sont encore emballées.
2 – L'administration a pareillement hypothèque sur les immeubles des redevables, mais pour les droits et taxes seulement.
3 – Les contraintes douanières emportent hypothèque de la même manière et aux mêmes conditions que les condamnations émanant de l'autorité judiciaire.

[217] La loi camerounaise introduit là deux nouveautés quelque peu imprudentes. En effet, le procès-verbal de saisie est normalement utilisé dans le cadre du flagrant délit (contentieux pénal). On comprend difficilement pourquoi il peut être mis en œuvre dans une procédure contentieuse civile. En plus, cette loi permet la vente des biens saisis ou hypothéqués à l'abri de toute intervention du juge, ce qui paraît original surtout que ce texte ne semble pas -du moins en apparence- écarter de la procédure de l'appropriation des biens des tiers, ceux qui sont insaisissables.

signifiée, demande formée en justice, condamnation, promesse, convention ou obligation particulière et spéciale relative à l'objet qui est répété (article 333-1 CD).

Le prévenu peut se protéger contre la contrainte en formant un recours contre elle.

B- Les voies de recours contre la contrainte

Aux termes de l'article deuxième 3-a de la loi 2009/018 précitée, après signification de la contrainte, toute contestation de l'action en recouvrement par le redevable est irrecevable. Cette position semble en retrait par rapport aux affirmations des articles 336 et 337 (2) CD qui admettent le principe des oppositions aux contraintes. Les personnes contre lesquelles sont décernées des contraintes peuvent valablement former opposition à leur exécution devant le tribunal d'instance[218] dans le ressort duquel est situé le bureau de douane où les contraintes ont été décernées. Cependant, il est défendu à tous les juges, sous les peines de droit, de ne donner contre les contraintes aucune défense ou surséance, qui seront nulles et de nul effet sauf les dommages et intérêts de l'administration (article 350 CD).

Le code des douanes n'a posé aucune condition de forme au recours contre la contrainte, mais « comme l'opposition [à la contrainte] implique l'ouverture d'un débat public devant le tribunal d'instance, l'acte d'opposition doit comporter les mêmes mentions que l'opposition à un jugement de défaut du tribunal d'instance et être notifié conformément aux dispositions de l'article 341 du code des douanes, à l'agent qui représente l'administration des douanes [219] ».

Aucun délai n'est imposé au redevable pour former opposition, tout laisse simplement penser qu'elle peut intervenir à tous les stades de la procédure tant que la contrainte n'a pas été exécutée. Il reste entendu que l'opposition n'est pas susceptible de suspendre l'exécution de la contrainte (article 360-3 CD).

Pour faire échec à la contrainte devant le juge, le redevable n'a pas une grande marge de manœuvre. Il lui appartiendra surtout de justifier l'inexistence de la créance. Il ne peut que s'appuyer de manière subsidiaire sur les carences formelles de la contrainte, la loi n'ayant

---

[218] République gabonaise : tribunal de grande instance.
[219] Réglementation douanière, *ibid.*, p. 488.

mposé aucune forme rigoureuse à ce document. D'ailleurs, « les nullités le forme ne peuvent être (...) admises que si elles portent atteinte aux lroits de la défense »[220].

En l'absence de ce recours, la décision devenue exécutoire entraîne 'application à l'encontre du prévenu des peines parfois très lourdes. Tel semble le cas aussi de l'avis à tiers détenteur (ATD).

Section II- La poursuite par voie d'avis à tiers détenteur (ATD)

L'avis à tiers détenteur (ATD) est une procédure propre au droit fiscal permettant d'obtenir d'un tiers, débiteur ou détenteur d'une somme l'argent appartenant à un redevable défaillant, qu'il acquitte aux lieu et place de celui-ci, dans la limite de ses obligations, les créances privilégiées dues à l'administration[221]. Ainsi, lorsque le redevable d'un mpôt ne s'acquitte pas spontanément de sa dette, l'administration peut lirectement passer au recouvrement des sommes dues sans avoir besoin le recourir au juge pour obtenir un titre exécutoire. Elle dispose ainsi des nodes de poursuite de droit commun, mais surtout des voies d'exécution spécifiques telles que l'avis à tiers détenteur.

À la vérité, le code des douanes de la CEMAC n'a pas expressément prévu l'ATD comme moyen de recouvrement de la créance douanière. La réglementation[222] douanière l'a invoqué sans en préciser les modalités de mise en œuvre. Face au silence de la loi douanière, cette procédure est régie par le droit commun.

Pour prospérer, l'ATD doit remplir certaines conditions et respecter une procédure assez contraignante (Paragraphe I). Le non-respect de ces conditions expose l'ATD aux contestations des victimes (Paragraphe II).

Paragraphe I. Conditions de mise en œuvre de l'ATD

L'article L71 du code général des impôts du Cameroun dispose que les dépositaires, détenteurs ou débiteurs des sommes appartenant ou devant revenir aux redevables d'impôt, des pénalités et des frais accessoires dont le recouvrement est garanti par le privilège du trésor sont tenus, sur demande qui leur en est faite sous forme d'ATD, notifié par le receveur des impôts, de verser en lieu et place des redevables, les

---

[220] Réglementation douanière, *op. cit.*, p. 488.
[221] BOD n° 1582 du 9 novembre 2000 .
[222] Réglementation douanière *op. cit.*, p. 440.

fonds qu'ils détiennent ou qu'ils doivent, à concurrence des impositions dues par ces recevables.

L'article L72 de ce même texte continue dans la même lancée en disant que l'ATD a pour effet d'affecter, dès réception, les sommes dont le versement est demandé, au paiement des impositions quelle que soit la date à laquelle les créances, même conditionnelles ou à terme, que le redevable possède à l'encontre du tiers détenteur, deviennent effectivement exigibles.

Comme nous pouvons le constater, l'ATD a pour effet d'aliéner à terme, les biens d'autrui au profit du Trésor public. Une telle procédure peut compromettre les équilibres financiers et conséquemment la vie d'une entreprise. C'est sans doute pour cela que le législateur l'a enfermée dans les conditions de fond et de forme assez rigoureuses. Ainsi, l'ATD ne peut prospérer que si les biens saisis sont des deniers (A), si la dette est liquide, exigible et certaine (B) et si le redevable est propriétaire d'une créance détenue par un tiers (C).

A- Les biens saisis doivent être des deniers

L'article 50 de l'acte uniforme portant procédures simplifiées de recouvrement et les voies d'exécution dispose que les saisies peuvent porter sur tous les biens appartenant au débiteur alors même qu'ils seraient détenus par des tiers. Il faut cependant préciser que « l'ATD ne permet d'appréhender que des deniers, à l'exclusion de toute créance, objets mobiliers, ou valeurs mobilières, qui relèvent de la procédure de saisie des droits d'associé et des valeurs mobilières »[223].

L'A.T.D. ne peut porter que sur des sommes d'argent et ne peut avoir effet que sur les sommes appartenant ou devant appartenir au redevable et détenues par ailleurs par un tiers (salaires, comptes bancaires, loyers...). Ainsi, l'ATD prend la forme d'une saisie attribution permettant au Trésor public ou à l'administration fiscale d'obtenir le blocage puis le règlement des sommes qui lui sont dues au titre de certains impôts. L'avis à tiers détenteur s'applique à toutes les catégories d'impôts (dette principale, pénalités et frais accessoires) dont le recouvrement est garanti par le privilège du Trésor[224].

---

[223] BOD, *ibid.*

[224] Droit de préférence dont bénéficie l'État par rapport aux autres créanciers, même hypothécaires.

La dette dont le recouvrement est poursuivi par voie d'ATD doit être liquide, exigible et certaine.

B- La dette doit être liquide, exigible et certaine

L'ATD n'est mis en œuvre que si la dette est liquide, et exigible et certaine. La créance certaine est une créance hors de toute contestation, soit parce qu'elle repose sur une déclaration ou un document établi par le redevable lui-même, soit parce qu'elle résulte d'une constatation du service ne pouvant raisonnablement donner lieu à contestation[225]. La liquidité implique que le montant de la créance ait été déterminé, même à titre provisoire. La dette est exigible non seulement quand son terme est arrivé à échéance, mais aussi quand le délai ouvert au redevable pour s'acquitter volontairement du paiement est complètement écoulé. L'ATD n'est à ce titre mis en mouvement que si le tiers saisi est détenteur d'une créance exigible par le redevable à la date où l'avis est décerné. « Ainsi, le fisc ne peut obtenir par avis à tiers détenteur l'attribution des sommes figurant dans un contrat d'assurance-vie dès lors qu'en vertu du contrat, la compagnie d'assurance, tenue d'une obligation à terme, disponible, portant sur une somme d'argent, n'était pas débitrice à la date de l'avis[226] ».

La condition indispensable pour que l'ATD produise ses effets est qu'au moment de son émission, le redevable défaillant soit lui-même propriétaire d'une créance détenue par un tiers.

C- Le redevable doit être propriétaire d'une créance détenue par un tiers

La notion de tiers détenteur s'entend de toute personne, physique ou morale, détentrice ou débitrice de sommes d'argent vis-à-vis du redevable d'une créance. La condition indispensable pour que l'ATD produise ses effets est qu'au moment de son émission, le redevable défaillant soit lui-même propriétaire d'une créance détenue par un tiers. Dans cette perspective, une lecture combinée des articles 45 et 147 de l'acte uniforme portant sur les procédures collectives d'apurement du passif laisse comprendre que les sommes recueillies par les syndics pour le

---

[225] D/2 n° 950284 du 28 mars 1995.

[226] Cour de cassation, 2 juillet 2002, N° 99-14918 cité par JEAN GATSI, *L'avis à tiers détenteur et le nouveau droit des affaires OHADA. Etude en hommage au professeur TOUKAM*, p. 88.

compte du redevable du fisc et versé dans un compte spécial ouvert dans un établissement bancaire, postal ou au trésor ne peut être retiré qu'en vertu d'une décision du juge commissaire. Il en découle que l'émission d'un avis à tiers détenteur tendant à un prélèvement des fonds de cette caisse au profit de l'administration ne saurait prospérer[227].

En plus, « s'agissant des créances cédées, il apparaît évident qu'à travers la technique de cession, les redevables des impôts cessent d'être propriétaires des sommes qui lui sont dues si elles sont affectées au paiement d'un autre créancier. Il en est de même si le contribuable, à travers le mécanisme de la délégation, donne l'ordre à son débiteur de verser à un tiers les sommes qu'il détient et que celui-ci donne son accord. L'avis à tiers détenteur qui intervient après la transmission des créances ainsi réalisées ne saurait être suivi d'effets[228] ».

Par contre, l'ATD permet d'appréhender les sommes entre les mains de toute personne débitrice d'une somme d'argent vis-à-vis d'un redevable. Ainsi, l'ATD permet de saisir les comptes de dépôt et les comptes courants du redevable, bien entendu à l'exclusion des sommes insaisissables ou reconnues comme telles par la loi. Il permet aussi d'obtenir de l'employeur le versement entre les mains du comptable public des sommes exigibles. L'employeur répond ici non pas comme détenteur, mais en tant que débiteur d'une somme d'argent due au redevable qu'il emploie. Il est alors débiteur de sommes à échéances successives et l'ATD permet d'appréhender ce rapport juridique dans la limite des règles d'insaisissabilité, jusqu'à paiement complet de la créance du Trésor.

L'ATD peut aussi être utilisé envers le comptable public. En effet, les comptables publics y compris ceux chargés du recouvrement de la créance en cause, sont susceptibles de détenir des fonds devant revenir au débiteur, et peuvent donc à ce titre faire l'objet d'un ATD. De même, le Trésor public peut, par le jeu de l'ATD, saisir les fonds sociaux détenus par les gérants, administrateurs, directeurs, ou liquidateurs de sociétés de toutes formes, en paiement des créances privilégiées dues par ces sociétés au redevable récalcitrant.

---

[227] Cass. Com. 27 janvier 1992, liaisons juridique et fiscale 11 mars 1992 ; N° 473, p. 1.
[228] GATSI (J), *L'avis à tiers détenteur et le nouveau droit des affaires OHADA, op cit.*, p. 89.

Le redevable peut, s'il en a les éléments probants, contester l'utilisation de l'ATD.

Paragraphe II. La contestation de l'ATD

L'ATD a effet redoutable, car par l'envoi d'un simple courrier, il emporte effet d'attribution immédiate au profit du trésor des sommes détenues par les tiers (banquier, employeur, locataire, créancier...). En d'autres termes : « L'avis à tiers détenteur est une procédure qui permet au Trésor public de recouvrer les impôts dus par le contribuable en adressant une simple demande au débiteur de ce dernier ou à toute personne qui détient des sommes d'argent pour son compte. Avec cette procédure pragmatique de la puissance publique, l'administration fiscale dispose d'un moyen simple et rapide, d'une extrême efficacité et peu onéreux [229] ».

Malgré le caractère pragmatique de cet outil, la loi a prévu des cas où le contribuable peut se protéger en contestant la mise en œuvre de l'ATD. Les contestations relatives au recouvrement prévues par voie d'ATD peuvent être formulées par le redevable lui-même (A) ou par le tiers détenteur (B).

A- La contestation par le redevable

La contestation de l'ATD peut porter sur la régularité de la procédure suivie par l'administration. Il peut s'agir par exemple du cas où les fonds appréhendés ne sont pas saisissables.

De même, l'administration fiscale peut avoir ignoré l'obligation qui lui incombe de par l'article L71 du code général des impôts. Ce texte stipule en effet que l'administration est tenue d'informer le redevable de l'envoi de l'avis à tiers détenteur et de lui préciser le tiers concerné. Il est bien d'adresser la notification par lettre recommandée avec accusé de réception, voire par lettre simple laissant trace, pour les créances de faible montant. La lettre donne les indications nécessaires à l'identification du comptable qui effectue la saisie, du redevable et du tiers concerné ; elle indique aussi logiquement la nature de la créance et son montant ainsi que la date de la notification. Elle est naturellement signée du comptable public qui met en mouvement l'ATD.

---

[229] M. COZIAN, « L'avis à tiers détenteur en matière de privilège du trésor », RTD com. 1967, p. 61.

Le redevable peut aussi s'opposer à l'ATD si l'administration a outrepassé ses prérogatives. En effet, le comptable public ne peut utiliser cette procédure qu'en vue du recouvrement des créances privilégiées. Elle permet par conséquent d'appréhender seulement tout ou partie des sommes qui sont dues au Trésor public au titre des impôts, pénalités et frais accessoires dont le recouvrement est garanti par le privilège du trésor. Ainsi, en sont exclues les créances étrangères, même si elles sont recouvrées par le Trésor public (créance domaniale par exemple).

Les contestations relatives au recouvrement prévues par voie d'ATD peuvent être formulées par le redevable lui-même ou par le tiers détenteur.

B- La contestation par les tiers

Le tiers saisi peut contester sa qualité de tiers détenteur parce qu'il n'est pas débiteur du redevable. Il peut aussi contester sa qualité de détenteur parce qu'il a cessé d'être débiteur du redevable.

En effet, l'article L71 du code général des impôts, faut-il le rappeler, impose aux tiers détenteurs des sommes appartenant au redevable, de verser en lieu et place de celui-ci, des fonds qu'ils détiennent à concurrence des impositions dues par le redevable. En d'autres termes, le tiers ne s'oblige vis-à-vis du trésor que s'il est effectivement détenteur, dépositaire ou débiteur des sommes dues au contribuable et il ne peut reverser à l'État les sommes qu'à concurrence du montant d'impôt dû. Ainsi, « le tiers saisi peut contester la notification d'un A.T.D en prétendant qu'il n'est plus débiteur du redevable et par suite, aucune relation d'affaires n'existe entre eux. Par exemple, dans le cas où le redevable procède au transfert de son compte bancaire d'une agence vers une autre, l'A.T.D notifié à l'ancienne agence après ledit transfert est évidemment sans effet »[230].

Un officier ministériel qui passe une vente entre un redevable du Trésor et son client ne peut être constitué tiers détenteur que si le paiement de la transaction s'est fait chez lui et si l'ATD est intervenu avant le reversement du produit de la vente à son destinataire final. Dans le cas contraire, il peut valablement s'opposer à un ATD tendant à l'obliger à payer au Trésor public, les sommes dues au fisc par le

[230] SADDOUGUI (Mohammed) « L'Avis à tiers détenteur : cadre juridique et contentieux au Maroc », mémoire, p. 166. www.memoireonline.com.

vendeur. « L'administration fiscale ne peut, dans le cas d'une vente dont le montant est payé hors la vue et la comptabilité du rédacteur de l'acte, établir que ce rédacteur est effectivement détenteur du prix de la vente ; l'administration n'a pas donc la possibilité de récupérer sa créance en notifiant un A.T.D au rédacteur de l'acte. Tout simplement, les cocontractants se sont convenus à ce que le prix de la vente sera payé hors la vue du rédacteur. Il en est de même lorsqu'il est convenu que le prix de vente sera payé partiellement ou totalement à terme. Le jour de la signature de l'acte, le rédacteur n'est pas tiers détenteur du prix de vente. Un A.T.D pourra alors être notifié directement à l'acquéreur, qui est toujours débiteur d'une somme d'argent envers le contribuable-vendeur »[231].

De même, le juge a annihilé l'effet de l'ATD, motif pris de ce que les fonds détenus par le tiers n'avaient aucun lien avec la créance fiscale. Le juge a en effet décidé qu'« il ressort des pièces du dossier que (...) dès lors que la notification [de l'ATD] est opérée pour appréhender un compte bancaire ne faisant pas partie effectivement du patrimoine personnel du redevable, mais plutôt, comme il ressort de l'attestation délivrée à l'intimé par le bâtonnier de l'ordre des avocats, il s'agit de deniers qui reviennent à ses clients en vertu de la convention conclue entre le barreau des avocats et la banque marocaine du commerce extérieur. L'A.T.D peut, en conséquence, préjudicier aux intérêts des clients dont les fonds sont déposés dans le compte saisi. Ces comptes n'ont aucune relation avec la créance fiscale »[232].

Le recouvrement forcé de la créance publique est toujours désagréable pour le redevable et peut mettre à mal son équilibre financier. L'État ne devrait y recourir que lorsque les voies de règlement à l'amiable n'ont pas prospéré. L'administration devrait en tout cas concilier les impératifs de la défense de l'intérêt général avec la nécessité de la protection de l'opérateur économique, créateur de la richesse nationale.

---

231 SADDOUGUI, *L'Avis à tiers détenteur : cadre juridique et contentieux au Maroc, op cit.*, p. 166.

232 C.A.A. de Rabat, Arrêt n°541, dossier n°02/07/49, du 23/07/2007, affaire Percepteur de Casablanca Mers sultan c. /Abdellah Benammar, cité par SADDOUGUI, *ibid.*

Chapitre VI

Le contentieux de change

Le contrôle de change est un ensemble de « mesures prises par un gouvernement pour réglementer l'achat et la vente de monnaies étrangères par ses ressortissants. C'est à la suite des grands déséquilibres économiques et financiers provoqués par la Première Guerre mondiale que de nombreux États ont été amenés à limiter, voire à supprimer la liberté des transactions en monnaies étrangères. Ces restrictions répondaient à plusieurs buts.

- Sur le plan financier : empêcher que les achats excessifs de monnaies étrangères ne contribuent à la dépréciation de la monnaie nationale et l'aggravation du déficit de la balance des paiements.

- Sur le plan économique : entraver les importations de produits susceptibles de concurrencer l'industrie nationale, et réserver les achats de devises étrangères au règlement des importations jugées les plus utiles et les plus urgentes (biens d'équipement, matières premières par exemple).

Sur le plan de la fiscalité : empêcher l'évasion des capitaux et des revenus taxables[233] ».

De nos jours, les enjeux du contrôle de change se sont sans doute déplacés et varient suivant les régions du monde. En effet, face au développement de la grande criminalité économique et de ses corollaires en termes de blanchiment d'argent ou de financement du terrorisme, certains Etats ressentent le besoin de réguler les flux transfrontaliers de capitaux. Ce faisant, l'État réprime le cas échéant les errements constatés en fonction de ses préoccupations du moment. La constatation des infractions à la législation et à la réglementation des changes relève de la compétence des personnes désignées comme telles par la loi. La notion d'infraction de change (Section I) n'est pas clairement définie par la loi. Cette définition est pourtant nécessaire à la poursuite et à la sanction de ce type d'infraction (Section II) aux manifestions multiformes.

---

[233] www.universalis.fr

Section I : Les infractions sur le change

La notion d'infraction de change n'est pas clairement définie par le règlement n° 02/00/CEMAC/UMAC/CM du 29 avril 2000 portant harmonisation de la réglementation des changes dans les États membres de la CEMAC. La détermination du champ de l'infraction de change (Paragraphe I) permet pourtant aux personnes habilitées à procéder à la constatation des infractions cambiaires (Paragraphe II) de conduire leurs missions, sans trop s'exposer aux contestations des personnes visées par la répression de l'infraction ainsi relevée.

Paragraphe I. Champ de l'infraction de change

L'infraction sur le change est constituée lorsqu'il y a violation de la législation et de la réglementation sur les relations financières avec l'étranger. Sont particulièrement visés aux termes de la loi camerounaise n° 2003/017 du 22 décembre 2003, le non-respect des obligations liées au mouvement des fonds ou l'inobservance des procédures et formalités y relatives ou la non-présentation des autorisations exigées en la matière. La loi camerounaise vient seulement expliciter ou compléter en la matière, le règlement susvisé.

Ainsi, constituent des infractions à la législation des changes et des mouvements de capitaux vers l'étranger : l'absence de déclaration des devises à l'exportation (A), le défaut de rapatriement des capitaux (B), l'inobservance des formalités exigées par la loi lors de l'exportation ou de l'importation des devises (C), le défaut des autorisations requises (D) et le blanchiment des capitaux (E).

A- L'absence de déclaration des devises à l'exportation

Les personnes spécialement visées ici sont des personnes physiques qui transfèrent de l'argent sans l'intermédiaire d'un organisme agréé, au titre de l'article 17 du règlement n° 02/00/CEMAC/UMAC/CM. Dans la pratique, les voyageurs au départ d'un pays de la CEMAC ou en provenance de l'étranger et transportant des sommes (espèces ou chèques), des titres (actions, obligations, etc.) ou des valeurs, ont l'obligation d'en faire déclaration auprès des services des douanes. Cette déclaration doit être complète, exacte et conforme le cas échéant aux articles 56, 61 et 62 du règlement CEMAC du 29 avril 2000.

Selon l'article 56 du règlement susvisé en effet, les voyageurs résidents et non résidents, franchissant les frontières de la CEMAC, à l'entrée ou à la sortie, doivent déclarer en douane les devises, titres ou valeurs d'un montant supérieur à 1000 000 francs CFA. L'article 61 de ce même texte, quant à lui, dispose que les voyageurs résidents et non résidents peuvent importer dans la CEMAC des billets et monnaies émis par tout autre institut d'émission. Toutefois, le montant de ces importations doit faire l'objet d'une déclaration auprès des services des douanes. Dans le même sens, l'article 62 autorise les voyageurs non résidents à emporter au moment de leur sortie de la CEMAC, des devises ou tout autre moyen de paiement étranger d'un montant maximum égal à celui qu'ils ont déclaré à leur entrée en CEMAC. S'ils n'ont fait aucune déclaration à l'entrée ou s'ils emportent des sommes supérieures à leurs propres apports, ils doivent en justifier la provenance pour les montants supérieurs à un million de francs CFA.

En plus, toute personne qui réalise une vente à l'exportation doit recouvrer et rapatrier par l'entremise de la banque domiciliataire et dans les délais convenus, les recettes afférentes à cette opération.

Le fait pour tout voyageur de s'abstenir de déclarer les devises ou les valeurs qu'il porte au moment du franchissement du cordon douanier, constitue autant que le défaut de rapatriement des capitaux, une infraction réprimée par la loi.

B- Le défaut de rapatriement des capitaux

Les transactions liées aux exportations doivent être déclarées aux autorités administratives compétentes. Celles qui portent sur un montant supérieur à cinq millions de francs doivent en outre être domiciliées auprès d'une banque agréée de la CEMAC. Le dossier de domiciliation doit contenir entre autres pièces, un titre douanier dûment signé par les services des douanes. L'exportateur prend, ce faisant, l'engagement de recouvrer et de rapatrier par l'entremise de la banque domiciliataire et dans les délais convenus, les recettes afférentes à cette opération.

En effet, les recettes d'exportation en provenance de l'étranger doivent être recouvrées et rapatriées dans les 30 jours suivant l'échéance stipulée dans le contrat, à travers la banque domiciliataire par l'entremise de la Banque centrale (article 65 du règlement). Les recettes d'exportation recouvrées en devises doivent être rétrocédées à la Banque centrale dans les 30 jours qui suivent leur recouvrement (art. 66).

L'inexécution par l'exportateur des engagements ainsi souscrits constitue une infraction de change. Constitue aussi une infraction de change, l'inobservance partielle ou totale des procédures prescrites ou des formalités exigées par la loi.

C- L'inobservance des procédures prescrites ou des formalités exigées par la loi

Le transfert des titres, valeurs et devises est subordonné à des formalités précises dont le non-accomplissement ou l'accomplissement irrégulier peut vicier la procédure et exposer le contrevenant à des sanctions prévues par la loi. Ces formalités et procédures sont particulières à chaque type d'opération et doivent être strictement observées. Par exemple, toutes les importations doivent être déclarées à des fins statistiques, et celles portant sur un montant supérieur à 5 millions de FCFA doivent en outre être domiciliées auprès d'un intermédiaire agréé résident, sauf lorsqu'il s'agit des marchandises en transit.

Au Cameroun spécifiquement, toutes les marchandises dont la valeur FOB (free on bord) est supérieure ou égale à un million, doivent faire l'objet d'une déclaration domiciliée auprès d'une banque de premier ordre.

Pour les marchandises en transit, y compris celles destinées aux autres pays de la CEMAC, les transactions doivent être également domiciliées auprès d'un intermédiaire agréé du pays de l'importateur. Par ailleurs, les règlements des importations supérieures à 100 millions de francs doivent faire l'objet d'une vérification renforcée en plus du contrôle des documents justificatifs. Il s'agit pour les intermédiaires agréés de s'assurer ici du bon dénouement de l'opération.

L'objectif du contrôle est de s'assurer de la régularité de la transaction, mais aussi d'assurer une certaine traçabilité aux mouvements des fonds pour éviter qu'ils n'alimentent des réseaux criminels. Cette précaution vaut aussi pour des autorisations qui conditionnent certaines opérations présentant de graves risques de par leur nature.

D- Le défaut des autorisations requises

L'article 37 du règlement dispose que les marchandises en provenance de tous les pays peuvent être importées librement, sauf l'or qui fait l'objet d'une réglementation particulière. Toutefois, certaines importations peuvent faire l'objet d'interdiction, de restrictions ou être soumises à autorisation pour des raisons humanitaires, de sécurité ou de santé. S'agissant particulièrement des importations ou des exportations de l'or et de pierres précieuses, elles sont soumises à autorisation.

L'art. 106 du règlement dispose que l'importation et l'exportation d'or et de pierres précieuses hors de la CEMAC sont soumises à l'autorisation des autorités compétentes. Sont toutefois dispensées d'autorisation préalable :

- les importations et exportations effectuées par le Trésor pour son compte, ainsi que par la Banque centrale, agissant en tant qu'autorité monétaire ;
- les importations et exportations d'articles manufacturés contenant une faible quantité d'or (tels que les articles en doublé ou en plaqué).

Une importation sans ces autorisations ou la non-satisfaction aux conditions dont ces autorisations sont assorties constitue une infraction à la réglementation sur le change sévèrement réprimée par la loi, autant que le blanchiment des capitaux.

E- Le blanchiment des capitaux

Cette infraction ressort de l'article 12 du Titre II de la loi camerounaise 2003/017 du 22 décembre 2003 portant loi de finances 2004. Elle est constituée lorsqu'une personne a par importation, exportation, transfert ou compensation procédé ou tenté de procéder à une opération financière entre le Cameroun et tous autres pays portant sur des fonds qu'ils savaient provenir directement ou indirectement d'une infraction à la législation sur les substances ou plantes vénéneuses classées comme stupéfiants ou de toutes autres infractions relevant des autres activités d'organisations criminelles.

Les infractions cambiaires sont constatées suivant la procédure douanière en la matière afin d'y opposer la répression la plus appropriée.

Paragraphe II. La constatation des infractions sur le change

Les personnes (A) désignées par la loi pour constater les infractions à la législation sur le change sont dotées de pouvoirs (B) assez étendus en raison du caractère fugace de ces infractions et de la nature des personnes impliquées dans ce genre de crime. En effet, la fraude sur le change est généralement le fait des personnes financièrement puissantes, susceptibles de compromettre par l'argent, l'efficacité des recherches.

A- Personnes habilitées à constater les infractions

L'art 118 du règlement dispose que le constat des infractions commises par les intermédiaires agréés est établi par le ministère chargé des finances, la BEAC ou la COBAC pour ce qui concerne leurs domaines de compétence respectifs. Le constat des infractions commises par les autres contrevenants est établi par le ministère chargé des finances (art. 119).

Le chapitre deuxième du Titre I de la loi de 2003 précitée dispose en son article 2 que les agents ci-après désignés sont habilités à constater les infractions à la législation et à la réglementation des changes et des mouvements de capitaux vers l'étranger :

1- Les agents des douanes : le texte ne fait aucune allusion au grade des agents des douanes concernés. Ce qui suppose que les agents de tout grade ayant prêté serment peuvent procéder à la constatation des infractions cambiaires. Toutefois, pour faire valoir les divers droits de communication prévus au bénéfice des administrations fiscales et édictés par la loi (l'article 4, chapitre deuxième, titre I), il faut être chef de bureau ou receveur des douanes, agent ayant au moins le grade d'inspecteur, de contrôleur ou d'officier des douanes.

Le texte reste muet quant à la forme et aux modalités de constatation des infractions à la réglementation sur le change. Mais tout laisse croire que celle-ci peut valablement se faire par procès-verbal de saisie ou le cas échéant par procès-verbal de constat à la suite d'une enquête.

2- Les autres agents de l'administration des finances ayant au moins le rang d'inspecteur. Il doit s'agir des personnes spécialement chargées par le ministre des Finances de s'assurer, par des vérifications auprès des assujettis, de la bonne application de la législation et de la réglementation des relations financières avec l'étranger.

3- Les officiers de police judiciaire : ceux-ci relèvent, soit de la police soit de la gendarmerie. La liste des officiers de police judiciaire est limitativement énumérée dans le nouveau Code de procédure pénale camerounais (article 79 et 80 CPP).

Les personnes désignées par la loi pour constater les infractions à la législation sur le change sont dotées de pouvoirs assez étendus en raison du caractère fugace de ce type d'infraction.

B- Les pouvoirs et prérogatives des personnes habilitées à constater les infractions cambiaires

Il ressort de l'article 3 de la loi de 2003 précitée que les agents publics investis du pouvoir de constatation des infractions à la législation cambiaire sont habilités à effectuer en tous lieux des visites domiciliaires dans les conditions prévues à l'article 75 du code des douanes. Sur la base de cette disposition, les agents verbalisateurs doivent rechercher le corps du délit en tous lieux en se faisant accompagner soit d'un officier municipal du lieu, soit d'un officier de police judiciaire, soit d'un représentant de l'autorité régionale ou locale.

En aucun cas, ces visites ne peuvent être faites pendant la nuit. Toutefois, les agents des douanes peuvent intervenir, même la nuit, sans l'assistance d'un officier municipal du lieu, d'un officier de police judiciaire ou d'un représentant de l'autorité régionale ou locale pour la recherche du corps de délit qui, poursuivies à vue sans interruption dans les conditions prévues par l'article 306 CD, sont introduites dans une maison ou tout autre bâtiment, même sis en dehors du rayon. S'il y a refus d'ouverture des portes, les agents des douanes peuvent les faire ouvrir en présence d'un officier municipal du lieu, d'un officier de police judiciaire ou d'un représentant de l'autorité régionale ou locale dans les mêmes conditions que dessus.

Le droit de visite domiciliaire s'étend tout au moins pour ce qui concerne les agents des douanes, au droit d'accès aux locaux et lieux à usage professionnel prévu à l'alinéa 2 (chapitre deuxième, article cinquième de la loi 2004/026 du 30 décembre 2004 portant loi de finances du Cameroun). En vertu de ce droit, les agents des douanes ayant au moins le grade de contrôleur ou d'adjudant peuvent, afin de procéder aux investigations nécessaires à la recherche et à la constatation des infractions prévues par le code des douanes, accéder aux locaux et lieux à usage professionnel ainsi qu'aux terrains et entrepôts où les marchandises et documents se rapportant à ces infractions sont susceptibles d'être détenues.

Ces agents verbalisateurs bénéficient des divers droits de communication prévus au bénéfice des administrations fiscales. À ce titre, ils peuvent demander à tous les services publics ou privés les renseignements qui leur sont nécessaires pour l'accomplissement de leur mission. Il ne peut leur être opposé le secret professionnel pour justifier la non-production de papiers ou documents de toute nature relatifs aux opérations de change, sollicités par le service des douanes.

Ces agents sont néanmoins, sous les peines de droit, tenus au secret professionnel qu'ils ne peuvent opposer à leur tour au juge d'instruction ou au tribunal qui les interroge sur les faits faisant l'objet de la plainte ou sur les faits connexes.

L'administration des postes est autorisée à soumettre au contrôle douanier, en vue de l'application de la législation et de la réglementation des relations financières avec l'étranger, les colis postaux tant à l'exportation qu'à l'importation (article 6 de la loi de 2003 sus-citée).

Les procès-verbaux constatant les infractions sur le change sont ensuite transmis au ministre en charge des finances qui est le juge de l'opportunité des poursuites.

Section II- Poursuite et sanction des infractions sur le change

Les infractions relatives au change sont poursuivies (Paragraphe I) et sanctionnés (Paragraphe II) suivant le règlement n° 02/00/CEMAC/UMAC/CM du 29 avril 2000 portant harmonisation de la réglementation des changes dans les États membres de la CEMAC, autour duquel gravitent des textes satellitaires qui émanent des législations nationales.

Paragraphe I. La poursuite des infractions cambiaires

En principe (A), la poursuite des infractions en matière de change est de la compétence du ministre en charge des finances. Les conditions et les modalités des poursuites sont clairement définies par la loi (B).

A- Le principe des poursuites

La poursuite des infractions à la législation et à la réglementation des relations financières avec l'étranger ne peut être exercée que sur plainte du ministre des Finances ou de l'un de ses représentants habilité à cet effet. Dans la pratique, cette délégation de compétence est faite au profit du responsable en charge des questions de contrôle de change.

La loi 2003/017 du 22 décembre 2003 portant loi camerounaise de finances 2004 modifie et complète le cadre légal d'intervention du service des douanes pour l'application de l'article 32 du code des douanes et du règlement n° 02/00/CEMAC/UMAC/CM du 29 avril 2000, portant harmonisation de la réglementation des changes dans les États membres de la CEMAC.

Ainsi, le chapitre 1 (article 1) du Titre 1 de cette loi précise que les dispositions du Titre XII du code des douanes sont applicables à la législation et à la réglementation des relations financières avec l'étranger sous réserve de l'article 2 à 8.

Pour rappel, le Titre XII du code des douanes traite du contentieux douanier. Sur la base de ce qui précède, la loi 2003/017 laisse penser que les règles du contentieux douanier sont *mutatis mutandis* applicables au contentieux sur le change. Dans cette perspective, l'on peut conclure que les infractions sur le change, constatées par le service des douanes, peuvent valablement être poursuivies suivant les procédures édictées par le code des douanes en matière de poursuite des infractions douanières. Dans le même sens, les poursuites peuvent être exercées en matière cambiaire conformément aux dispositions du code des douanes aussi bien pour ce qui concerne la procédure devant les tribunaux et les règles de responsabilité pénale que pour ce qui concerne le régime de la preuve, la prise des mesures conservatrices et l'exécution des jugements.

S'agissant précisément de la preuve, celles-ci doivent comme en matière douanière être loyales ; cette position a été exprimée avec force par le juge dans l'arrêt "Schuller"[234] dans lequel il a solennellement affirmé le principe selon lequel n'était pas admissible, une preuve procédant d'une "machination de nature à déterminer les agissements délictueux et que, par ce stratagème, qui a vicié la recherche et l'établissement de la vérité, il a été porté atteinte au principe de la loyauté des preuves". Cette position a été confirmée dans l'arrêt[235] rejetant le pourvoi formé par l'administration des douanes contre l'arrêt de la cour d'appel de Paris qui, dans des poursuites engagées pour infractions cambiaires, avait écarté des documents bancaires dérobés en Suisse par deux employés de banque déclarant avoir agi à l'instigation des douaniers.

La poursuite des infractions à la réglementation des changes est quelque peu difficile parce qu'elle s'exécute suivant un corps de règles

---

[234] Cass. crim., 27 février 1996 : bull. crim., n° 93 ; JCP 96, éd. G, II-22629, note M.-L. Rassat ; D. 96, p. 346, note Ch. Guéry.

[235] Cass. crim., 28 octobre 1991 : bull. crim., n° 381 ; JCP, 1991.II.21704, note J. Pannier.

disparates. En effet, le règlement CEMAC est resté muet quant aux modalités de poursuite des infractions relatives au change. Ce silence a paresseusement été comblé par des textes de lois nationales à l'instar de la loi 2003/017 sus-évoquée.

B- Les modalités des poursuites

En vertu du chapitre II de l'instruction n° 3 - 009 - MINFI- DCE-D relative à l'application du règlement CEMAC du 29 avril 2000 portant harmonisation de la réglementation des changes, les infractions ou tentatives d'infractions à la réglementation des changes commises à l'étranger par les résidents sont, sauf dérogation exceptionnelle du ministre chargé des finances, poursuivies au Cameroun. Lorsque l'auteur d'une infraction à la réglementation des changes vient à décéder, une action peut, sans préjudice du droit propre de transaction reconnu aux héritiers, être exercée contre la succession en vue de la confiscation du corps du délit ou, si celui-ci ne peut être saisi, une condamnation pécuniaire est fixée par le règlement.

Lorsque les infractions à la réglementation des changes sont commises par les administrateurs, gérants, ou directeurs d'une personne morale ou par l'un d'entre eux, agissant au nom et pour le compte de la personne morale, indépendamment des poursuites intentées contre ceux-ci, la personne morale elle-même est poursuivie et frappée des condamnations prévues par les textes.

Lorsque les infractions à la réglementation des changes constituent en même temps des infractions à la législation douanière, ou à toute autre législation, elles sont, indépendamment des sanctions prévues par le règlement, constatées, poursuivies et réprimées conformément à la procédure prévue par la législation à laquelle il a été porté atteinte.

Lorsque le contrevenant est dans l'incapacité de payer l'amende, il y a confiscation du corps du délit, que celui-ci consiste en une opération prohibée ou en l'omission d'une déclaration, d'un dépôt ou d'une cession.

Lorsque l'opération délictuelle comporte la participation de plusieurs parties, le corps du délit, qu'il puisse ou non être représenté, est constitué par l'ensemble des prestations fournies par chacune des parties y compris la rémunération des services.

Le produit des amendes est versé et conservé auprès d'un agent ntermédiaire des recettes désigné par le ministre chargé des finances, ɔarmi les agents qualifiés de la direction chargée des changes.

Les personnes qui ont été coupables d'infractions à la réglementation le change encourent des sanctions dont la gravité est fonction de la ıature de l'infraction.

Paragraphe II. Les sanctions encourues

L'instruction ministérielle n° 03 évoquée ci-dessus stipule dans son Titre III qu'il existe deux catégories d'infractions : les infractions ommises par les intermédiaires et celles commises par les autres ntervenants. Cette disposition propre au Cameroun est un complément u dispositif mis en place par les textes de la CEMAC. En d'autres ermes, les infractions cambiaires sont sanctionnées selon les cas, suivant es textes de la CEMAC (A) ou d'après les lois nationales (B).

A- Les sanctions prévues par les textes de la CEMAC

Il existe deux catégories d'infractions en matière de change : les nfractions commises par les intermédiaires et celles commises par les utres intervenants. Cela implique aussi qu'il y a des sanctions pplicables aux intermédiaires agréés distinctes de celles réservées aux utres intervenants, notamment aux voyageurs. D'une manière générale, es sanctions applicables aux infractions en matière de change sont révues dans l'Annexe III du règlement n° 02/00/CEMAC/UMAC/CM u 29 avril 2000, portant harmonisation de la réglementation des changes ans les États membres de la CEMAC.

Néanmoins, le Titre VI du texte susvisé dispose que l'absence de emande d'autorisation, de déclaration ou de notification ultérieure, tout omme les fausses déclarations ou le refus de communiquer les tatistiques relatives à l'élaboration de la balance des paiements et des utres agrégats de la comptabilité nationale ou toute autre entorse à la églementation des changes, expose les auteurs et leurs complices à des anctions (art 114).

Les autorités administratives prononcent les sanctions et appliquent es amendes. Celles-ci ne sont pas exclusives de toute autre peine prévue ar la loi et sont applicables aux intermédiaires agréés lorsque ceux-ci ont reconnus coupables de complicité avec leurs clients et d'absence ou e fausse déclaration (art 115).

Lorsque l'infraction est commise ou constatée aux frontières douanières, le constat de l'infraction doit être fait par écrit, avec copie au contrevenant, et inscrit dans un registre prévu à cet effet (art. 120).

L'agent de douane est chargé de percevoir les amendes portant sur les infractions commises ou constatées aux frontières douanières ; il est tenu de délivrer une quittance indiquant la nature de l'infraction et le montant de l'amende. Cette quittance qui permettra éventuellement au contrevenant de contester la sanction doit être inscrite dans un registre prévu à cet effet (art. 121).

Lorsque le contrevenant est dans l'incapacité de payer l'amende prévue, l'objet sur lequel porte l'infraction doit être saisi par l'officier judiciaire qui délivre au contrevenant une attestation de dépôt. Cette saisie doit être inscrite dans un registre prévu à cet effet (art. 122).

L'objet saisi demeure la propriété du contrevenant, sauf si dans les 1 jours ouvrables suivant l'infraction, il n'a pas acquitté l'amende ou n'a pas entamé une procédure de conciliation (art. 123).

Compte tenu du caractère sensible de cette question au plan national le Cameroun a pris des textes aggravant les sanctions prévues par les textes communautaires en matière de fraude sur le change.

B- Les sanctions édictées par la loi nationale

D'une manière générale, les sanctions applicables aux infractions en matière de change sont prévues dans l'Annexe III du règlement CEMAC Néanmoins, aux termes du chapitre quatrième de la loi 2003/017 du 2 décembre 2003 portant loi camerounaise de finances précitée, quiconque aura contrevenu ou tenté de contrevenir à la législation et à la réglementation des relations financières avec l'étranger, soit en ne respectant pas les obligations de déclaration ou de rapatriement, soit en n'observant pas les procédures prescrites et les formalités exigées, soit en ne se munissant pas des autorisations requises ou en ne satisfaisant pas aux conditions dont ces autorisations sont assorties, sera puni d'une peine d'emprisonnement de un à cinq ans, de la confiscation du corps du délit de la confiscation des moyens de transport utilisés pour la fraude et d'une amende égale, au minimum, au montant et, au maximum, au double de la somme sur laquelle a porté l'infraction ou la tentative d'infraction.

Ce même texte indique que lorsque pour une cause quelconque, les objets passibles de confiscation n'ont pu être saisis ou ne sont pas présentés par le délinquant ou lorsque le ministre en charge des finances ou son représentant en fait la demande, le tribunal doit, pour tenir lieu de confiscation, prononcer une condamnation au paiement d'une somme égale à la valeur de ces objets.

La loi camerounaise de 2003 continue en indiquant que sera punie d'un emprisonnement de un an à cinq ans et d'une amende de 300 000 à 10 000 000 francs CFA, toute personne qui aura incité par écrit, propagande ou publicité à commettre une infraction sur les changes, que cette incitation ait été ou non suivie d'effets.

Les personnes condamnées pour infraction à la législation et à la réglementation relatives aux relations financières avec l'étranger peuvent, en outre, être déclarées incapables d'exercer une des fonctions reprises sur la liste d'incapacité établie par le ministre en charge des finances, tant et aussi longtemps qu'elles n'auront pas été relevées de cette incapacité. Cette incapacité vise surtout à priver la victime des moyens de la commission d'autres infractions dans l'espace de temps que dure son incapacité. Il peut ainsi être prononcé à son encontre une incapacité de faire des opérations de commerce extérieur, d'exercer les fonctions d'intermédiaire en opération de bourse ou de change, d'être élu ou éligible au niveau des chambres de commerce, d'être assesseur auprès des juridictions, etc.

Lorsque pour une cause quelconque, le corps du délit n'a pu être saisi ou n'est pas représenté par le délinquant, le tribunal doit pour tenir lieu de confiscation, prononcer une condamnation pécuniaire d'un montant égal à la valeur du corps du délit, augmenté du bénéfice illicite que les délinquants ont réalisé ou voulu réaliser (chapitre II de l'instruction n° 3 - 009 - MINFI- DCE-D).

L'article 9 de la loi 2003/017 suscitée fait obligation aux personnes physiques qui transfèrent vers l'étranger ou en provenance de l'étranger des sommes, titres ou valeurs, sans l'intermédiaire d'un organisme agréé d'en faire déclaration auprès du service des douanes. Le non-respect de cette obligation est sanctionné conformément à l'article 10 de la loi, outre des peines prévues à l'article 124 du règlement, d'une amende égale au minimum à 30% et au maximum, au montant de la somme sur laquelle a porté l'infraction ou la tentative d'infraction.

Seront également punis d'un emprisonnement de deux (2) à dix (10) ans, de la confiscation des sommes en infraction ou d'une somme en tenant lieu lorsque la saisie n'a pu être prononcée et d'une amende comprise entre une et cinq fois la somme sur laquelle a porté l'infraction ou la tentative d'infraction, ceux qui auront, par exportation, importation, transfert ou compensation, procédé ou tenté de procéder à une opération financière entre le Cameroun et tous autres pays portant sur des fonds qu'ils savaient provenir, directement ou indirectement, d'une infraction à la législation sur les substances ou plantes vénéneuses classées comme stupéfiants ou de toutes autres infractions relevant des autres activités d'organisations criminelles.

Le contrôle des changes[236] s'exerce par plusieurs procédés :

- interdiction ou limitation de tout achat de monnaie étrangère qui n'est pas justifié par le règlement d'une importation autorisée ;

- présentation à l'autorité compétente des documents établissant la réalité de l'importation ; après vérification, l'importateur effectue le règlement dans sa propre monnaie, et obligatoirement dans une banque qui assurera ensuite le transfert au vendeur étranger ;

- obligation pour l'exportateur, ou pour le créancier de tous autres revenus provenant de l'étranger, de « rapatrier » les fonds, c'est-à-dire de les faire verser à une banque qui le réglera en monnaie du pays ;

- interdiction ou limitation de toute exportation de billets de banque, et obligation de vendre à une banque, en rentrant dans le pays, les billets étrangers que l'on détient ;

- restrictions ou conditions imposées à l'exportation des revenus provenant d'investissements faits dans le pays par des étrangers.

Ces différentes techniques de contrôle de change visent à garantir à l'économie nationale un environnement apaisé, propice à la prospérité des affaires licites. Les opérateurs véreux tentent de contourner ce dispositif pour tirer à leur seul profit et au détriment de la collectivité nationale, les fruits de la croissance économique. La CEMAC et par suite le Cameroun ont mis sur pied un dispositif suffisamment répressif pour dissuader plus d'un fraudeur.

---

[236] www.universalis.fr

CONCLUSION GENERALE

Le contentieux douanier peut prendre la forme du contentieux douanier répressif, du contentieux du recouvrement de la créance douanière ou du contentieux sur le change.

Le premier a pour base l'infraction qui est un acte positif ou négatif qui viole la loi et qui est frappé par conséquent d'une sanction. À la différence du droit commun, le droit douanier n'implique pas nécessairement l'existence de l'élément moral. Ce fait traduit le caractère particulier de cette forme de contentieux. En effet, le contentieux douanier a prévu dans certains cas, la limitation des pouvoirs des juges et des tiers. Il a institué des modalités spéciales de preuves et un système spécial de la responsabilité. Il a aussi reconnu à la douane le pouvoir de modérer les amendes par le jeu de la transaction, etc.

Plusieurs raisons ont souvent été avancées pour expliquer la persistance du déséquilibre du rapport de force entre la douane et le prévenu. Le caractère fugace de la fraude limite les capacités opérationnelles de l'administration. Il serait par conséquent fastidieux, voire impossible pour la douane de combattre efficacement la fraude, si elle devait se contenter des moyens de droit de commun. En plus, la fraude douanière, parce qu'elle n'est pas, à proprement parler, considérée comme une appropriation privée des biens de l'État, ne choque que modérément l'opinion publique. D'ailleurs, les fraudeurs « sont trop souvent apparus sous l'étiquette d'hommes intelligents, seuls capables de déjouer les mailles tendues par une administration tracassière »[237]. À cet effet, un auteur anglais du XIX siècle disait : « le fraudeur fiscal me plaît, c'est un voleur honnête, car il ne vole que l'État qui n'est qu'une abstraction »[238]. Dans la réalité, le fraudeur vole la communauté tout entière et ce vol ne mérite aucune indulgence.

Sur la base de ce qui précède, la procédure contentieuse douanière est marquée par la volonté du législateur, à la fois de réprimer efficacement

---

[237] LAWADOUN (Achille Constant Sow), *Les effets de l'incivisme fiscal sur la mobilisation des ressources fiscales locales : cas de Ouagadougou,* Institut international de management de Ouagadougou, 2008.

[238] AUBERGER (Philippe), *L'allergie fiscale*, Paris, Calmann-Lévy, 1984, p 57.

la fraude douanière et de réparer le préjudice que la communauté a souffert.

Le contentieux du recouvrement est dominé dans la plupart du temps par le droit commun. Le contentieux de change quant à lui est lié à la lutte contre les blanchiments d'argent sale et le trafic des capitaux.

ANNEXES

Annexe 1 : Tableau des peines (délits).

Classe des infractions	**Infractions qualifiées de délits**	**Référence du code des douanes**
remière lasse	Tout fait d'importation ou d'exportation sans déclaration lorsque ces infractions se rapportent à des marchandises de la catégorie de celles qui sont prohibées ou fortement taxées à l'entrée, ou soumises à des taxes de consommation, ou prohibées ou taxées à la sortie.	Article 403
euxième lasse	Tout fait de contrebande commis par une réunion de trois individus et plus jusqu'à six inclusivement, que tous portent ou non des marchandises de fraude.	Article 404
roisième lasse	1. Les délits de contrebande commis, soit par plus de six individus, soit par trois individus ou plus à dos d'animal ou à vélocipède, que tous portent ou non des marchandises de fraude. 2. Les délits de contrebande par aéronef, par véhicule attelé ou autopropulsé, par navire ou embarcation de mer de moins de 100 tonneaux de jauge nette ou par bateau de rivière. 3. La contrefaçon. 4. L'exportation en contrebande des produits de la pêche dans les eaux nationales.	Article 405

Annexe 2 : Tableau des principales peines (contravention).

Classe des infractions	Contraventions	Références du Code
Première classe	1 - Toute infraction aux dispositions des lois et règlements que l'administration des douanes est chargée d'appliquer lorsque cette irrégularité n'est pas plus sévèrement réprimée par le présent Code. 2 - Tombent, en particulier, sous le coup du paragraphe précédent : a) Toute omission ou inexactitude portant sur des indications que les déclarations doivent contenir lorsque l'irrégularité n'a aucune influence sur l'application des droits ou prohibitions. ***b)*** Toute omission d'inscription aux répertoires	Article 397
Deuxième classe	- Tout refus de communication de pièces ou d'opérations dans les cas prévus aux dispositions des articles 76 et 116 du code des douanes. - Toute infraction aux dispositions des articles 55, paragraphe 3 ; 62, paragraphe 1 ; 71, 80, 81, 82, 83, 88 paragraphe 1 ; 146, 147 et 292 CD ou aux dispositions des décisions prises pour l'application de l'article 17 bis du Code ; - Toute infraction aux dispositions des articles 112 à 115 CD, notamment celle commise par : • Toute personne qui, ayant fait l'objet d'une suspension, d'un retrait de l'agrément ou de l'autorisation de dédouaner prévus respectivement aux articles 113 et 114, continue soit à accomplir pour autrui les formalités de douane concernant la déclaration en détail des marchandises, soit à bénéficier directement ou indirectement de tout ou partie des rémunérations de la nature de celles définies à l'article 118 ci-dessus ; • Toute personne qui prête sciemment son concours en vue de soustraire aux effets du retrait ou de la suspension de l'agrément ceux qui en auraient été atteints. - Toute inexactitude ou omission dans les énonciations des éléments de la déclaration sur la valeur prévue à l'article 110.	Article 399
Troisième classe	1- Toute infraction aux dispositions des lois et règlements qu l'administration des douanes est chargée d'appliquer lorsque irrégularité a pour but ou pour résultat d'éluder ou de compromettre le recouvrement d'un droit ou d'une taxe quelconque et qu'elle n'est pas spécialement réprimée par le présent Code. 2 - Tombent, en particulier, sous le coup des dispositions du paragraphe précédent, les infractions ci-après quand elles se rapportent à des marchandises de la catégorie de celles qui sont passibles de droits ou taxes : Les déficits dans le nombre des colis déclarés, manifestés ou	Article 400

Classe des infractions	Contraventions	Références du Code
	transportés sous passavant de transport avec emprunt du territoire étranger ou de la mer ou sous acquit-à-caution ; les déficits sur la quantité des marchandises placées sous un régime suspensif ; La non-représentation des marchandises placées en entrepôt privé ou en entrepôt spécial ; L'inobservation totale ou partielle des obligations prévues à l'article 150 ci-dessus ; La présentation à destination, sous scellé rompu ou altéré, de marchandises expédiées sous plombs ou cachets de douane ; L'inexécution totale ou partielle des engagements souscrits dans les acquits-à-caution et soumissions ; Les excédents sur le poids, le nombre ou la mesure déclarés. 3- Sont également sanctionnées des peines contraventionnelles de la 3e classe toutes infractions compromettant le recouvrement des taxes de port. 4 - Sont également punies des peines prévues au paragraphe 1 ci-dessus, toutes infractions aux dispositions des lois et règlements concernant l'exportation préalable ou le drawback lorsque ces irrégularités ne sont pas plus sévèrement réprimées par le présent Code	
Quatrième classe	1. Tout fait de contrebande ainsi que tout fait d'importation ou d'exportation sans déclaration lorsque l'infraction porte sur des marchandises de la catégorie de celles qui ne sont ni prohibées ou fortement taxées à l'entrée, ni soumises à des taxes de consommation, ni prohibées ou taxées à la sortie ; 2. Toute fausse déclaration dans l'espèce, la valeur ou l'origine des marchandises importées, exportées ou placées sous un régime suspensif lorsqu'un droit de douane ou une taxe quelconque se trouve éludé ou compromis par cette fausse déclaration ; 3. Toute fausse déclaration dans la désignation du destinataire réel ou de l'expéditeur réel ; 4. Toute fausse déclaration dans la désignation, à l'importation, de l'État de mise en consommation et, à l'exportation, de l'État d'origine des marchandises ; 5. Toute fausse déclaration tendant à obtenir indûment le bénéfice de la franchise prévue aux paragraphes 1 et 2 de l'article 276 du présent Code ainsi que toute infraction aux dispositions des textes pris pour l'application de cet article ; 6. Tout détournement de marchandises non prohibées de leur destination privilégiée ; 7. La présentation comme unité dans les manifestes ou déclarations de plusieurs balles ou autres colis fermés, réunis de quelque manière que ce soit ;	Article 401

Classe des infractions	Contraventions	Références du Code
	8. L'absence du manifeste ou la non-représentation de l'original du manifeste ; toute omission de marchandises dans les manifestes ou dans les déclarations sommaires ; toute différence dans la nature des marchandises déclarées sommairement.	
Cinquième classe	1 -Toute infraction aux dispositions des lois et règlements que le service des douanes est chargé d'appliquer lorsque cette irrégularité se rapporte à des marchandises de la catégorie de celles qui sont prohibées à l'entrée ou à la sortie et qu'elle n'est pas spécialement réprimée par le présent Code. 2 - Tombent, en particulier, sous le coup des dispositions du paragraphe précédent les infractions visées à l'article 400 paragraphe 2 ci-dessus lorsqu'elles se rapportent à des marchandises de la catégorie de celles qui sont prohibées à l'entrée ou à la sortie.	Article 402

Annexe 3 :

	PROCES - VERBAL DE CONSTAT *RECORD OF STATEMENT* -------------
Numéro : *Number*	L'an deux mille -- Le---
Objet subjet	À la requête du Directeur général des Douanes dont le bureau est à----------- et en vertu des dispositions de l'article 76 du code des Douanes de la CEMAC,
Affaire : **case**	nous soussignés --- -- certifions que le-------------------mil neuf cent -------------à-------------heures -- -- -- -- -- -- -------------------- (décrire les faits) Les faits ci- dessus relatés constituent --------------------------------------- (qualifier l'infraction) ; une infraction prévue par l'article ou les articles------- ---------------du Code des douanes précité. Nous annexons au présent procès-verbal-- -- --------------------Nous avons déclaré au sieur ----------------------------------- ---------que nous rédigerions le présent procès-verbal en nos bureaux sis à ---- ----------------------------, le -----------------mil neuf cent ----------------------- ---------à -------------heures, le sommant de s'y trouver pour assister à la rédaction de notre acte, y insérer ses dires et le signer. Rendu au dit lieu aux jour et heure indiqués, nous y avons rédigé le présent procès-verbal en------------------ (présence ou en absence) du sieur------------- -------qui a déclaré --. Nous avons donné lecture du présent procès - verbal à (prévenu) …………………….. et l'avons invité à le signer, ce qu'il a (accepter ou refuser)……………… de faire. **Les agents verbalisateurs** **l'intéressé**

Annexe 4 :

SOUMISSION CONTENTIEUSE

L'an deux mille--et le ------ ---

Nous soussignés, Monsieur xx, inspecteur des douanes au bureau principal des douanes de Douala, y demeurant,
certifions que (donner les faits)---

---.

Et moi Monsieur YY, reconnais partiellement l'exactitude des faits énoncés ci-dessus et désirant éviter toutes poursuites judiciaires, je déclare par la présente m'en rapporter entièrement à la décision de Monsieur le (désigner l'autorité sollicitée pour arbitrage) ------------------ ---
relativement aux suites pécuniaires dont cette affaire sera susceptible.
Je m'engage en conséquence, à accepter la décision administrative à intervenir quelle qu'elle soit et conjointement et solidairement avec Monsieur (nom de la caution)--- demeurant à -----------------également soussigné, qui s'engage à payer à première réquisition entre les mains du chef de bureau des douanes de---- --------------------------telles sommes que Monsieur (désigner l'autorité sollicitée pour arbitrage) jugera devoir réclamer, jusqu'à concurrence intégrale des pénalités légalement reconnues.
Fait à -----------------------------------les jours, mois et an que dessus et signé après lecture.

Annexe 5 : SANCTION DES INFRACTIONS CAMBIAIRES.

RÉPRESSION DES INFRACTIONS PRÉVUE À L'ARTICLE 124.

- SANCTIONS APPLICABLES AUX INTERMÉDIAIRES AGRÉÉS

1. Infraction relative à l'article 11 : perception d'une commission de transfert à l'intérieur de la CEMAC supérieure à 0,25 %.

Amende égale à 10 % du montant de la transaction.

2. Infraction relative à l'article 12 : perception d'une commission de transfert à l'étranger supérieure à 0,50 %.

Amende égale à 10 % du montant de la transaction.

3. Infraction relative à l'article 13 : perception d'une commission d'intermédiation supérieure à 0,50 % et 0,25 % respectivement pour les transactions portant sur des chèques hors CEMAC et à l'intérieur de la CEMAC.

Amende égale à 10 % du montant de la transaction.

4. Infraction relative à l'article 14 : perception d'une commission de change manuel supérieure à 4 % pour les billets de la Zone franc et à 0% pour les autres devises.

Amende égale à 10 % du montant de la transaction.

5. Infraction relative à l'article 15 : défaut de paiement du droit de timbre de 0,01% sur les importations de devises par les intermédiaires agréés.

Amende égale à 10 % du montant de la transaction.

6. Infraction relative à l'article 17 : refus non motivé de rendre compte aux structures compétentes des transactions effectuées.

Amende égale à 10 % du montant de la transaction.

7. Infraction relative à l'article 17 : exécution d'un règlement portant sur des importations soumises à restriction sans autorisation préalable du Ministère chargé des Finances.

Amende égale à 10 % du montant de la transaction.

8. Infraction relative à l'article 17 : exécution d'un règlement portant sur des emprunts d'un montant supérieur à 100 millions de francs CFA sans autorisation préalable du Ministère chargé des Finances.

Amende égale à 10 % du montant de la transaction.

9. Infraction relative à l'article 17 : exécution d'un règlement portant sur des investissements directs et des prêts d'un montant supérieur à 100

millions de francs CFA sans autorisation préalable du Ministère charg
des Finances.

Amende égale à 10 % du montant de la transaction.

10. Infraction relative à l'article 17 : exécution d'un règlement portan sur des valeurs mobilières étrangères pour des montants supérieurs à 1(millions de francs CFA sans autorisation préalable du Ministère charg des Finances.

Amende égale à 10 % du montant de la transaction.

11. Infraction relative à l'article 19 : allocation de devises san vérification des documents justificatifs.

Amende égale à 10 % du montant de la transaction.

12. Infraction relative à l'article 20 : refus non motivé de fournir le allocations de devises en dépit de la présentation des justificatifs exigés.

Amende égale à 10 % des allocations prévues.

13. Infraction relative à l'article 24 : ouverture d'un compte intérieu en devises à un résident sans autorisation du ministre des Finances et avi conforme de la BEAC.

Amende égale à 20 % du montant de la transaction effectuée à traver le compte.

14. Infraction relative à l'article 25 : refus non motivé d'ouvrir u compte étranger en francs CFA à un non-résident qui en fait la demande.

Amende égale à 50 000 francs CFA par jour à partir de la date d refus non motivé.

15. Infraction relative à l'article 26 : exécution sans autorisation de autorités compétentes d'une opération de crédit soumise à autorisatio sur un compte étranger en francs CFA.

Amende égale à 20 % du montant de la transaction.

16. Infraction relative à l'article 27 : exécution sans autorisation de autorités compétentes d'une opération de débit soumise à autorisation su un compte étranger en francs CFA.

Amende égale à 20 % du montant de la transaction.

17. Infraction relative à l'article 28 : ouverture d'un compte étrange en devises sans déclaration à la Banque Centrale.

Amende égale à 20 % du montant de la transaction effectuée à traver le compte.

18. Infraction relative à l'article 34 : exécution d'un transfert par moyens électroniques au-delà de 2 jours ouvrés après le dépôt de la demande.

Amende égale à 10 % du montant du transfert.

19. Infraction relative à l'article 35 : exécution d'un transfert par courrier ordinaire au-delà de 7 jours ouvrés après le dépôt de la demande.

Amende égale à 10 % du montant du transfert.

20. Infraction relative à l'article 40 : refus non motivé d'exécuter un règlement en dépit de la présentation par le demandeur des justificatifs exigés.

Amende égale à 100 000 francs CFA par jour à partir de la date du refus non motivé.

21. Infraction relative à l'article 41 : exécution d'un règlement d'importations portant sur un montant de plus de 100 millions de francs CFA sans une vérification renforcée.

Amende égale à 20 % du règlement.

22. Infraction relative à l'article 42 : exécution d'un règlement sans présentation de la facture pro forma ou de tout document justificatif.

Amende égale à 20 % du règlement.

23. Infraction relative à l'article 43 : exécution d'un règlement portant sur des importations sans présentation d'attestation professionnelle.

Amende égale à 20 % du règlement.

24. Infraction relative à l'article 44 : refus non motivé d'exécuter un règlement portant sur des importations en dépit de la production des estimations des importations.

Amende égale à 20 % de la valeur des importations.

25. Infraction relative à l'article 44 : défaut de vérification des estimations des importations.

Amende égale à 20 % de la valeur des importations.

26. Infraction relative à l'article 44 : défaut de vérification de la validité des justificatifs.

Amende égale à 20 % du règlement.

27. Infraction relative à l'article 48 : exécution d'un règlement des dépenses de services portant sur un montant de plus de 100 millions de francs CFA sans une vérification renforcée.

Amende égale à 20 % du règlement.

28. Infraction relative à l'article 49 : exécution d'un règlement relatif aux services sans présentation de la facture pro forma ou de tout document justificatif.

Amende égale à 20 % du règlement.

29. Infraction relative à l'article 50 : exécution d'un règlement des dépenses de services sans présentation d'attestation professionnelle.

Amende égale à 20 % du règlement.

30. Infraction relative à l'article 51 : refus non motivé d'exécuter un règlement des dépenses de services en dépit de la production des estimations des dépenses de services.

Amende égale à 20 % du règlement.

31. Infraction relative à l'article 51 : défaut de vérification des estimations des dépenses de services.

Amende égale à 20 % des dépenses.

32. Infraction relative à l'article 51 : défaut de vérification de la validité des justificatifs.

Amende égale à 20 % du règlement.

33. Infraction relative à l'article 52 : refus non motivé de transférer à l'étranger des revenus salariaux en dépit de la présentation des documents justificatifs.

Amende égale à 50 000 francs CFA par jour à partir de la date du refus non motivé.

34. Infraction relative à l'article 52 : exécution d'un transfert à l'extérieur de revenus salariaux sans présentation des documents justificatifs.

Amende égale à 20 % du transfert.

35. Infraction relative à l'article 53 : refus non motivé de transférer à l'intérieur de la Zone d'émission des revenus salariaux.

Amende égale à 100 000 francs CFA par jour à partir de la date du refus non motivé.

36. Infraction relative à l'article 54 : refus non motivé de transférer à l'étranger des revenus salariaux de résidents étrangers, en dépit de la présentation des documents justificatifs.

Amende égale à 50 000 francs CFA par jour à partir de la date du refus non motivé.

37. Infraction relative à l'article 55 : refus non motivé de transférer à l'étranger des revenus de capital des non-résidents ne nécessitant pas d'autorisation ou en dépit de la présentation des documents justificatifs.

Amende égale à 50 000 francs CFA par jour à partir de la date du refus non motivé.

38. Infraction relative à l'article 57 : refus non motivé de fournir des moyens de paiements aux voyageurs en dépit de la présentation des documents justificatifs.

Amende égale à 20 % des allocations prévues.

39. Infraction relative à l'article 58 : mise à disposition des voyageurs des moyens de paiements sans présentation des documents justificatifs.

Amende égale à 50 % des allocations accordées.

40. Infraction relative à l'article 59 : mise à disposition des voyageurs des moyens de paiements supérieurs aux seuils réglementaires sans justificatifs de frais réels.

Amende égale à 50 % des allocations supplémentaires.

41. Infraction relative à l'article 70 : non-déclaration auprès de la BEAC et des structures administratives compétentes des mouvements de capitaux à l'intérieur de la Zone.

Amende égale à 10 % des transactions non déclarées.

42. Infraction relative à l'article 71 : entrée dans la CEMAC avec l'aide d'un intermédiaire agréé de capitaux liés à la drogue, au proxénétisme et autres trafics prohibés par les lois en vigueur dans la CEMAC.

Amende égale à 50 % des capitaux sans préjudice des autres sanctions pénales.

43. Infraction relative à l'article 71 : non-déclaration auprès de la BEAC et des structures administratives compétentes des règlements avec l'étranger.

Amende égale à 20 % des transactions non déclarées.

44. Infraction relative à l'article 74 : non-vérification des transactions dispensées de l'autorisation préalable.

Amende égale à 10 % des transactions.

45. Infraction relative à l'article 76 : non-déclaration auprès de la Banque Centrale, dans le délai imparti, des emprunts contractés à l'étranger.

Amende égale à 10 % des emprunts.

46. Infraction relative à l'article 79 : non-vérification de l'échéancier de remboursement et de la copie du titre de créance détenu par le prêteur.

Amende égale à 10 % des remboursements.

47. Infraction relative à l'article 81 : non-déclaration auprès de la Banque Centrale, dans le délai imparti, des prêts accordés par un intermédiaire agréé à l'étranger.

Amende égale à 10 % des prêts.

48. Infraction relative à l'article 82 : exécution des transferts liés aux prêts, autres que ceux soumis à déclaration, sans attendre le délai de 30 jours.

Amende égale à 10 % des prêts.

49. Infraction relative à l'article 84 : non-vérification de l'échéancier de remboursement et de la copie du titre de créance.

Amende égale à 10 % des remboursements.

50. Infraction relative à l'article 85 : non-vérification de l'existence d'une autorisation préalable pour les emprunts soumis à autorisation.

Amende égale à 50 % des emprunts.

51. Infraction relative à l'article 100 : exécution d'une couverture à terme du risque de change portant sur une monnaie autre que celle stipulée dans le contrat.

Amende égale à 20 % de la couverture.

52. Infraction relative à l'article 101 : exécution d'une couverture à terme du risque de change pour une durée dépassant 9 mois.

Amende égale à 20 % de la couverture.

53. Infraction relative à l'article 102 : acceptation de procéder à la couverture à terme du risque de change, pour un montant ne dépassant pas 100 millions de francs CFA, sans présentation de justificatifs.

Amende égale à 20 % de la couverture.

54. Infraction relative à l'article 102 : non-déclaration de la couverture à terme du risque de change pour un montant ne dépassant pas 100 millions de francs CFA.

Amende égale à 20 % de la couverture.

55. Infraction relative à l'article 103 : exécution d'une couverture à terme du risque de change pour un montant supérieur à 100 millions de francs CFA sans déclaration préalable auprès de la Banque Centrale.

Amende égale à 20 % de la couverture.

56. Infraction relative à l'article 104 : refus non motivé de régler dans es 2 jours ouvrés suivant la levée du contrat à terme.

Amende égale à 20 % de la couverture.

57. Infraction relative à l'article 108 : non-déclaration des statistiques elatives aux transactions avec l'extérieur.

Amende égale à 100 000 francs CFA par jour de retard.

58. Infraction relative à l'article 112 : non-respect de la périodicité de ommunication d'informations.

Amende égale à 100 000 francs CFA par jour de retard après les délais le grâce visés à l'article 113.

59. Infraction relative à l'article 129 : refus non motivé de mettre à la lisposition de la clientèle les informations relatives à la réglementation les changes, lorsqu'elle le demande.

Amende égale à 100 000 francs CFA par infraction.

II - SANCTIONS APPLICABLES AUX OPÉRATEURS ÉCONOMIQUES, VOYAGEURS ET AUTRES

1. Infraction relative à l'article 4 : exercice de l'activité l'intermédiaire agréé sans agrément du Ministère chargé des Finances.

Amende égale à 20 % des transactions réalisées, sans préjudice des utres sanctions pénales, et arrêt des activités.

2. Infraction relative à l'article 18 : non-utilisation d'un intermédiaire gréé pour effectuer une opération de change avec l'étranger d'un nontant supérieur à 1 million de francs CFA.

Amende égale à 20 % de l'opération.

3. Infraction relative à l'article 21 : refus non motivé de déclarer des xportations auprès des Ministères chargés du Commerce, des Ministères hargés des Finances ou de la Banque Centrale.

Amende égale à 20 % de la valeur des exportations.

4. Infraction relative à l'article 22 : importations de marchandises oumises à restriction sans autorisation des Ministères chargés du ommerce.

Amende égale à 50 % de la valeur des importations.

5. Infraction relative à l'article 33 : exportations ou importations de lus de 100 000 francs CFA en espèces.

Amende égale à 50 % des sommes exportées ou importées.

6. Infraction relative à l'article 38 : refus non motivé de déclarer des importations.

Amende égale à 50 % de la valeur des importations.

7. Infraction relative à l'article 38 : non-domiciliation des importations de …plus de 5 millions de francs CFA auprès d'un intermédiaire agréé résident.

Amende égale à 50 % de la valeur des importations.

8. Infraction relative à l'article 47 : refus non motivé de déclarer des dépenses de services.

Amende égale à 50 % des dépenses.

9. Infraction relative à l'article 47 : non-domiciliation des dépenses de services de plus de 5 millions de francs CFA auprès d'un intermédiaire agréé résident.

Amende égale à 50 % des dépenses.

10. Infraction relative à l'article 56 : non-déclaration en douane des sommes, titres ou valeurs d'un montant supérieur à 1 million de francs CFA.

Amende égale à 20 % des montants en cause.

11. Infraction relative à l'article 61 : non-déclaration par des voyageurs résidents et non résidents des billets et monnaies émis par les instituts d'émission autres que la BEAC.

Amende égale à 20 % des sommes en cause.

12. Infraction relative à l'article 62 : non-présentation par un voyageur non résident de justificatifs relatifs aux devises exportées.

Amende égale à 20 % des sommes en cause.

13. Infraction relative à l'article 65 : non-rapatriement des recettes d'exportation dans les 30 jours suivant l'échéance du contrat.

Amende égale à 20 % des recettes.

14. Infraction relative à l'article 66 : non-rétrocession des recettes d'exportation recouvrées en devises dans les 30 jours suivant leur recouvrement.

Amende égale à 20 % des recettes.

15. Infraction relative à l'article 67 : refus non motivé de déclaration des recettes relatives aux services, revenus et dons ordinaires.

Amende égale à 20 % des recettes.

16. Infraction relative à l'article 67 : non-domiciliation des recettes relatives aux services, revenus et dons ordinaires de plus de 10 millions de francs CFA auprès d'un intermédiaire agréé résident.

Amende égale à 20 % des recettes.

17. Infraction relative à l'article 68 : refus non motivé de rapatrier des recettes relatives aux services et revenus dans les 30 jours suivant la date d'exigibilité.

Amende égale à 20 % des recettes.

18. Infraction relative à l'article 69 : non-rétrocession des recettes relatives aux services et revenus recouvrés en devises dans les 30 jours suivant leur recouvrement.

Amende égale à 20 % des recettes.

19. Infraction relative à l'article 71 : introduction dans la Zone de capitaux liés à la drogue, au proxénétisme et autres trafics prohibés par les lois en vigueur dans la CEMAC.

Amende égale à 50 % des capitaux, sans préjudice des autres sanctions pénales.

20. Infraction relative à l'article 75 : refus non motivé de déclarer, dans le délai imparti, des emprunts dispensés d'autorisation et leurs remboursements.

Amende égale à 10 % du montant de la transaction.

21. Infraction relative à l'article 78 : refus non motivé de déclarer des emprunts, autres que ceux dispensés d'autorisation, 30 jours avant leur réalisation.

Amende égale à 20 % des emprunts.

22. Infraction relative à l'article 77 : refus non motivé de déclarer des remboursements d'emprunts, autres que ceux dispensés d'autorisation, 30 jours avant leur réalisation.

Amende égale à 20 % des remboursements.

23. Infraction relative à l'article 80 : refus non motivé de déclarer, dans le délai imparti, des prêts dispensés d'autorisation et leurs remboursements.

Amende égale à 10 % du montant de la transaction.

24. Infraction relative à l'article 82 : refus non motivé de déclarer des prêts autres que ceux dispensés d'autorisation, 30 jours avant leur réalisation.

Amende égale à 20 % des prêts.

25. Infraction relative à l'article 83 : refus non motivé de déclarer des remboursements de prêts, autres que ceux dispensés d'autorisation, dans les 30 jours suivant leur réalisation.

Amende égale à 20 % des remboursements.

26. Infraction relative à l'article 91 : refus non motivé de déclarer des investissements directs à l'étranger, d'un montant supérieur à 100 millions de francs CFA, 30 jours avant leur réalisation.

Amende égale à 20 % des investissements.

27. Infraction relative à l'article 92 : refus non motivé de déclaration des liquidations d'investissements directs à l'étranger, d'un montant supérieur à 100 millions de francs CFA, 30 jours avant leur réalisation.

Amende égale à 20 % des investissements liquidés.

28. Infraction relative à l'article 94 : refus non motivé de déclarer des investissements directs de l'étranger dans la CEMAC, d'un montant supérieur à 100 millions de francs CFA, 30 jours avant leur réalisation.

Amende égale à 20 % des investissements.

29. Infraction relative à l'article 95 : refus non motivé de déclarer des liquidations d'investissements directs de l'étranger dans la CEMAC, d'un montant supérieur à 100 millions de francs CFA, 30 jours avant leur réalisation.

Amende égale à 20 % des investissements liquidés.

30. Infraction relative à l'article 97 : refus non motivé de déclarer des transactions dans les 30 jours qui suivent leur réalisation.

Amende égale à 20 % des transactions.

31. Infraction relative à l'article 98 : émission, publicité ou mise en vente de valeurs mobilières étrangères portant sur des montants supérieurs à 10 millions de francs CFA sans autorisation des administrations compétentes.

Amende égale à 50 % des sommes en cause, sans préjudice des autres sanctions pénales.

32. Infraction relative à l'article 106 : importations ou exportations d'or et de pierres précieuses sans disposer d'autorisation.

Amende égale à 50 % des importations ou exportations.

33. Infraction relative à l'article 109 : non-déclaration des transactions avec l'extérieur.

Amende égale à 100 000 francs CFA par jour de retard.

34. Infraction relative à l'article 112 : non-respect de la périodicité de communication d'informations.

Amende égale à 100 000 francs CFA par jour de retard, à partir des délais de grâce visés à l'article 113.

Fait à Douala le 29 avril 2000
Le Président du Comité ministériel
Émile DOUMBA

BIBLIOGRAPHIE SÉLECTIVE

I- Ouvrages généraux

LEVASSEUR, *Droit pénal général et procédure pénale*, 10e éd. Paris, Sirey, 1991.

G. Stéfani et G. Levasseur, *Précis Dalloz de « Procédure pénale »*, 2e édition, Paris 1962.

GAUDEMET (Paul- Marie), *Réflexions sur les rapports du juge et du fisc*, Mélanges offerts à Marcel WALINE : « Le juge et le droit public », Paris, L.G.D.J., 1974, tome I.

AUBERGER (Philippe) in *L'allergie fiscale*, Paris 1984, Calmann-Lévy.

II- Douane et fiscalité

BERR (Claude J) et TREMEAU (Henri), *Droit douanier communautaire et national*, Economica, 5e édition.

BERR (Claude J), *Introduction au droit douanier*, nouvelle édition, Economica.

SOULARD(Christophe), *Guide pratique du contentieux douanier*, LITEC, 2008.

CARPENTIER (Vincent), *Guide pratique du contentieux douanier*, LexisNexis.

NYAMA (Jean-Marie), *Douane et commerce international dans la CEMAC*, CERFOD, 2006.

ATECK A DJAM (Félix), *Droit du contentieux fiscal camerounais*, Paris, L'Harmattan, mai 2009.

MBOME (François), *Contentieux fiscal camerounais*, Yaoundé, Presses Universitaires d'Afrique, 2000.

(LIBOM (Minette), CANTENS (Thomas), BILANGNA (Samson), *Se regarder dans le miroir*, SSATP, 2009.

III- Revues

Revue des Douanes camerounaises N° 20.

1- COZIAN (Maurice), « L'avis à tiers détenteur en matière de privilège du trésor », Rev. trimest. dr. corn. 1967.

IV- Cours

Cours polycopié contentieux douanier, École nationale des Brigades des Douanes de La Rochelle, avril 1998.

NGONGO (Jacques Roger), Cours du contentieux douanier (inédit) ENAM, 93-95.

V- Mémoires

TRIMECHE (Rania), « La protection du contribuable de bonne foi » FSJPST - Mémoire Mastère de recherches en droit des affaires 2008 Droit et Sciences Politiques > Droit des Affaires.

LAWADOUN (Achille Constant Sow), « Les effets de l'incivisme fiscal sur la mobilisation des ressources fiscales locales : cas de Ouagadougou », Institut international de management de Ouagadougou 2008.

VI- Articles

GATSI (Jean), « L'avis à tiers détenteur et le nouveau droit des affaires OHADA ». Étude en hommage au professeur TOUKAM.

Cellule de Gestion des Risques (Douane), Problématique des délais de passage des marchandises au port de Douala. Étude réalisée par la cellule de gestion des risques ; juillet 2011, Direction générale des Douanes du Cameroun.

BILE (Abia Vincent), « Le contentieux douanier et les pratiques de l'administration des douanes ivoiriennes ». http ://bit.ly/am9qBf.

VII- Textes

Réglementation douanière CEMAC, édition 2007

Code des Douanes CEMAC, édition 2003.

Code général des impôts du Cameroun, édition officielle, 2012

TABLE DES MATIÈRES

Questions juridiques aux éditions L'Harmattan

Dernières parutions

ÉTHIQUE (L') DE L'AVOCAT PÉNALISTE
Rude-Antoine Edwige - Préface de Jean Danet
L'avocat est représenté, dans la fiction, sous les traits d'un être ambigu, sans cesse sur le fil... ce livre tente d'en approcher la réalité, qui est tout autre. Quelles relations d'ordre éthique l'avocat entretient-il avec lui-même mais aussi avec l'autre : son client, qu'il soit prévenu ou accusé, les jurés, les magistrats ? Peut-on parler du rapport de l'avocat à la vérité ? Comment peut-il construire des lignes de défense tout en restant partenaire de justice ?
(Coll. Éthique en contextes, 21.00 euros, 208 p.)
ISBN : 978-2-343-05222-9, ISBN EBOOK : 978-2-336-36460-5

NAISSANCE DE L'OBSERVATOIRE DE LA RÉCIDIVE ET DE LA DÉSISTANCE
Un long processus inachevé
Tournier Pierre V.
L'analyse de la récidive aurait logiquement dû relever de la compétence de l'Observatoire national de la délinquance et des réponses pénales placé sous l'autorité du Premier ministre. Mais sous l'impulsion de Christiane Taubira le choix s'est porté sur la création d'un observatoire *ad hoc* de plus, dépendant du ministère de la Justice : l'Observatoire de la récidive et de la désistance (août 2014). Ne s'est-on pas ainsi privé des outils d'une évaluation indépendante de la loi du 15 août 2014 sur la contrainte pénale et la libération sous contrainte ?
(Coll. Criminologie, 19.00 euros, 184 p.)
ISBN : 978-2-343-05118-5, ISBN EBOOK : 978-2-336-36387-5

ÉLÉMENTS DE PRÉVENTION DU CRIME
Lemaître André
Cet ouvrage montre la diversité des modèles de prévention de la délinquance, leur spécificité mais aussi leur nécessaire complémentarité. Il insiste également sur l'obligation de veiller aux aspects éthiques des politiques de prévention mises en place. En effet, l'utopie d'une société débarrassée de toute forme de criminalité contient la disparition de toute liberté.
(Coll. Sciences criminelles, série Controverses, 15.50 euros, 160 p.)
ISBN : 978-2-343-04666-2, ISBN EBOOK : 978-2-336-36324-0

SEXUALITÉ (LA) À L'ÉPREUVE DU COUPLE
Les révélations d'une avocate
Dalbin Agnès
Dans la majorité des divorces, les difficultés d'ordre sexuel sont souvent pointées du doigt comme une cause majeure de la rupture. S'appuyant sur les confidences recueillies lors de ses entretiens avec les couples qui divorcent, l'avocate Agnès Dalbin tente d'apporter son éclairage personnel sur cette problématique. Ce livre évolue comme une véritable histoire humaine, du mariage au divorce, en passant par la parentalité et l'après-divorce.
(Coll. La justice au quotidien, 13.50 euros, 118 p.)
ISBN : 978-2-343-04938-0, ISBN EBOOK : 978-2-336-36399-8

DROIT (LE) DU HANDICAP ET LA GESTION DU PATRIMOINE CULTUREL
Vers un modèle européen ?
B. Degros Eric
La rencontre entre le droit du handicap et le droit du patrimoine peut conduire à une confrontation d'intérêts contradictoires, nécessitant de trouver un équilibre entre le principe de l'accessibilité et le respect de l'authenticité, en faveur d'une conservation durable du patrimoine culturel. Il apparaît essentiel de trouver un équilibre entre «le droit des gens» et celui «des pierres».
(40.00 euros, 424 p.)
ISBN : 978-2-343-04418-7, ISBN EBOOK : 978-2-336-36269-4

DROIT BANCAIRE ISLAMIQUE
Notions, mécanismes et protections pénales
Jafari Amin
Conçu comme un manuel de droit, l'ouvrage étudie trois thèmes principaux : la notion de finance islamique et son fonctionnement, les instruments bancaires islamiques et enfin la protection du système bancaire dans l'ensemble de ses instruments et fonctionnements. La 3e partie propose un regard classique de droit pénal des affaires en matière de droit bancaire de finance islamique. Les branches chiite et sunnite de la finance islamique ont été distinguées dès le départ, permettant ainsi une comparaison tout au long du livre.
(Coll. Sciences criminelles, 33.00 euros, 326 p.)
ISBN : 978-2-343-04637-2, ISBN EBOOK : 978-2-336-36380-6

DROIT (LE) INTERNATIONAL. ASPECTS POLITIQUES (Volume 1)
Sous la direction de Jacques Bouineau
Textes réunis par Burt Kasparian
Ces contributions invitent à réfléchir sur la recomposition contemporaine de l'espace méditerranéen et sur le droit international qui s'y applique, à partir d'exemples tirés des plus grandes civilisations méditerranéennes aux époques antique et médiévale. Elles invitent le lecteur à s'interroger sur les piliers de la Méditerranée dans le jeu des relations entre les hommes et les institutions, et à découvrir l'essence des réponses juridiques et politiques.
(Coll. Méditerranées, 16.50 euros, 158 p.)
ISBN : 978-2-343-04661-7, ISBN EBOOK : 978-2-336-36366-0

DROIT (LE) INTERNATIONAL. ASPECTS POLITIQUES (Volume 2)
Bouineau Jacques - Sous la direction de Jacques Bouineau
Textes réunis par Burt Kasparian
Ce volume offre une réflexion sur la recomposition de l'espace méditerranéen contemporain à partir de l'histoire ou de l'actualité. L'histoire est traitée de la période qui s'étend de la Renaissance à la fin du XIXe siècle. En ce qui concerne l'actualité, le jeu des emprunts et des modèles juridiques transparaît aussi bien dans la fiscalité internationale actuelle que dans les transpositions constitutionnelles du droit français en Égypte ou dans l'observation du fonctionnement de l'Europe.
(Coll. Méditerranées, 19.00 euros, 184 p.)
ISBN : 978-2-336-30904-0, ISBN EBOOK : 978-2-336-36367-7

SECRETS (LES) DU DROIT
Secret, droit et cinéma
Sous la direction de Stéphane Boiron, Nathalie Goedert et Ninon Maillard
Notre société du visible, pour savoir, exige de tout voir et tout montrer, sans délai, au risque de confondre espaces privés et espaces publics. Parce qu'on l'accusait de dissimuler les abus, de servir l'arbitraire, de diviser les hommes entre initiés et profanes, le secret a été condamné comme contraire au pacte démocratique. Pourtant, c'est aussi au nom de la liberté que, face à une transparence érigée en dogme, certains osent faire l'éloge du secret. C'est pourquoi, il appartient au droit d'orchestrer l'équilibre et de distinguer le bon du mauvais secret.
(Coll. Presses Universitaires de Sceaux, 24.00 euros, 248 p.)
ISBN : 978-2-343-04670-9, ISBN EBOOK : 978-2-336-36326-4

TABLES (LES) DE LA LOI : DE L'ARGILE AU NUMÉRIQUE
La diffusion de la règle de droit à travers les âges
Evrard Sébastien
On parle aujourd'hui de «culture digitale» ou culture numérique et de diminution du papier. Est-ce un bien ou un mal ? Comment les textes, la jurisprudence et toutes les normes juridiques sont-ils diffusés aujourd'hui ? Enfin, quelles sont les spécificités de l'édition dite juridique par rapport à l'édition générale ? Répondre à ces questions nécessite d'envisager l'histoire de la connaissance puis de la diffusion de la règle de droit, ce qui fait l'objet de ce livre.
(Coll. Logiques Juridiques, 13.00 euros, 122 p.)
ISBN : 978-2-343-04478-1, ISBN EBOOK : 978-2-336-36201-4

ARTICULATION (L') DES VOIES DE DROIT DANS LE CONTENTIEUX DE LA COMMANDE PUBLIQUE À L'INITIATIVE DES TIERS AU CONTRAT
Tallet-Preud'homme Laura - Préface de Paul Cassia
Parallèlement à la formation progressive d'un «droit de la commande publique», le contentieux à l'initiative des tiers au contrat a muté, à tel point que le changement de paradigme opéré tend à faire émerger un «contentieux de la commande publique». Diverses voies de droit ont été instituées, engendrant «l'embarras du choix» voire «l'embarras tout court» du tiers concurrent évincé. La complexité de ce contentieux est telle qu'il faut détruire pour reconstruire ce paysage contentieux.
(Coll. Logiques Juridiques, 49.50 euros, 536 p.)
ISBN : 978-2-343-04827-7, ISBN EBOOK : 978-2-336-36265-6

APPRÉHENSION (L') DES PRATIQUES RESTRICTIVES PAR LES AUTORITÉS FRANÇAISES ET EUROPÉENNES DE LA CONCURRENCE
Analyse des pratiques contractuelles abusives entre professionnels à l'épreuve du droit des pratiques anticoncurrentielles
Mallen Guillaume - Préface de Linda Arcelin-Lécuyer
Définies au sens de l'étude comme des comportements contractuels unilatéraux et abusifs dans les rapports commerciaux entre professionnels, les « pratiques restrictives » peuvent être réprimées au titre du droit des pratiques anticoncurrentielles (abus de domination et entente). L'ouvrage permet d'exposer l'office des autorités de concurrence lorsqu'elles sont confrontées à ces pratiques contractuelles abusives et d'envisager des solutions concrètes en vue de perfectionner le droit positif actuel.
(Coll. Logiques Juridiques, 65.00 euros, 874 p.)
ISBN : 978-2-343-04739-3, ISBN EBOOK : 978-2-336-36189-5

PROTECTION (LA) DES MINEURS ET DES MAJEURS EN CURATELLE ET EN TUTELLE EN MATIÈRE PERSONNELLE
Da Silva Valérie
La loi du 5 mars 2007 énonce le principe de l'autonomie du majeur protégé en matière personnelle et exclut tout assistance ou représentation dans la sphère strictement personnelle, quel que soit l'état du majeur concerné. Le recul de l'incapacité en faveur d'une protection non incapacitante se constate également pour le mineur. L'idée de protection et non plus d'incapacité amène à constater le principe de l'incapacité contractuelle et à proposer une réforme du droit de la responsabilité.
(Coll. Logiques Juridiques, 51.50 euros, 574 p.)
ISBN : 978-2-336-30261-4, ISBN EBOOK : 978-2-336-36230-4

DE LA FAUTE AU CRIME
Natures et cultures
Sous la direction de Jean dit Falisse Motte
Ce livre revient sur les liens entre les notions connexes de faute, de délit et de péché et leurs prolongements dans l'expérience humaine de la culpabilité et de la responsabilité ? La philosophie hellénique, la tradition biblique et les commentaires talmudiques, la pensée coranique, les Églises chrétiennes, les conceptions laïques de la Libre Pensée ont donné à cette question de la

transgression et de la faute une signification spécifique et continuent d'animer notre propos et de donner sens à nos actes.
(Coédition ICES (Institut Catholique d'Études Supérieures), Coll. Criminologie, 35.00 euros, 346 p.)
ISBN : 978-2-343-04377-7, ISBN EBOOK : 978-2-336-35994-6

CRÉANCE (LA) DE SALAIRE
Pallantza Dimitra
Si la créance du salarié porte sur la réception d'une prestation, la dette de l'employeur ne se limite pas au versement du salaire mais s'étend également au respect des obligations accessoires, c'est-à-dire des dispositions légales, contractuelles et conventionnelles afférentes à la fixation de son montant et de son paiement. Ce livre approfondit cette figure juridique opaque à cause de son cadre juridique fluctuant et de sa position à un carrefour interdisciplinaire.
(Coll. Thèses et Travaux universitaires, 61.00 euros, 776 p.)
ISBN : 978-2-343-04256-5, ISBN EBOOK : 978-2-336-36025-6

ÉTAT ET JEUX D'ARGENT
Les jeux sont-ils faits ?
Sous la direction de Jean-Baptiste Vila
Au terme d'un processus à la fois législatif, réglementaire et jurisprudentiel, les jeux sont entrés et demeurent aujourd'hui sous l'égide de la *res publica*. Pouvait-il en être autrement ? L'État pouvait-il et devait-il consacrer un principe général d'interdiction des jeux d'argent et de hasard sans, dans le même temps, instituer un droit aux jeux mais organisé à son seul profit ? Les externalités négatives de ce marché sont-elles ainsi toutes maîtrisées ? Ces divers éclairages contribuent à un état des lieux des différents régimes juridiques.
(38.50 euros, 388 p.)
ISBN : 978-2-343-03632-8, ISBN EBOOK : 978-2-336-36144-4

DROIT DE L'INFORMATIQUE (nouvelle édition)
Éléments de droit à l'usage des informaticiens
Bismuth Yves
À travers l'étude des grands thèmes du droit de l'informatique (protection des logiciels et des données, contrats informatiques, protection des libertés, gestion du risque informatique), cet ouvrage permet au lecteur d'établir lui-même un diagnostic juridique des problèmes rencontrés à l'occasion de la mise en place d'un système informatique. Il est complété par des extraits de code, une bibliographie, un index et un lexique, et est à jour des dernières lois et décrets intervenus en la matière.
(46.00 euros, 464 p.)
ISBN : 978-2-343-04784-3, ISBN EBOOK : 978-2-336-36120-8

UN ART, UN DROIT, UNE QUESTION
Triptyque juridico-artistique
Boustani Diane, Chabri Dalida, Combe Marion, Farhi Sarah, Lasserre Marie-Cécile
Sous la direction d'Yves Strickler
Cet ouvrage présente des contributions de juristes, tous de droit privé et sciences criminelles, intéressés par la transposition à leur champ de recherches de questions liées à un art déterminé. Les arts explorés sont à la fois «classiques», tels la peinture, la musique, le cinéma ou la littérature, d'autres sont plus «atypiques», tels l'art urbain, l'art thérapie ou culinaire. Pour chacun d'entre eux, l'auteur s'est saisi de la question de droit qui lui paraît la plus importante dans le domaine étudié.
(Coll. Droit privé et sciences criminelles, 22.00 euros, 212 p.)
ISBN : 978-2-343-04712-6, ISBN EBOOK : 978-2-336-36147-5

L'HARMATTAN ITALIA
Via Degli Artisti 15; 10124 Torino

L'HARMATTAN HONGRIE
Könyvesbolt ; Kossuth L. u. 14-16
1053 Budapest

L'HARMATTAN KINSHASA
185, avenue Nyangwe
Commune de Lingwala
Kinshasa, R.D. Congo
(00243) 998697603 ou (00243) 999229662

L'HARMATTAN CONGO
67, av. E. P. Lumumba
Bât. – Congo Pharmacie (Bib. Nat.)
BP2874 Brazzaville
harmattan.congo@yahoo.fr

L'HARMATTAN GUINÉE
Almamya Rue KA 028, en face
du restaurant Le Cèdre
OKB agency BP 3470 Conakry
(00224) 657 20 85 08 / 664 28 91 96
harmattanguinee@yahoo.fr

L'HARMATTAN MALI
Rue 73, Porte 536, Niamakoro,
Cité Unicef, Bamako
Tél. 00 (223) 20205724 / +(223) 76378082
poudiougopaul@yahoo.fr
pp.harmattan@gmail.com

L'HARMATTAN CAMEROUN
BP 11486
Face à la SNI, immeuble Don Bosco
Yaoundé
(00237) 99 76 61 66
harmattancam@yahoo.fr

L'HARMATTAN CÔTE D'IVOIRE
Résidence Karl / cité des arts
Abidjan-Cocody 03 BP 1588 Abidjan 03
(00225) 05 77 87 31
etien_nda@yahoo.fr

L'HARMATTAN BURKINA
Penou Achille Some
Ouagadougou
(+226) 70 26 88 27

L'HARMATTAN SÉNÉGAL
10 VDN en face Mermoz, après le pont de Fann
BP 45034 Dakar Fann
33 825 98 58 / 33 860 9858
senharmattan@gmail.com / senlibraire@gmail.com
www.harmattansenegal.com

L'HARMATTAN BÉNIN
ISOR-BENIN
01 BP 359 COTONOU-RP
Quartier Gbèdjromèdé,
Rue Agbélenco, Lot 1247 I
Tél : 00 229 21 32 53 79
christian_dablaka123@yahoo.fr

639293 - Février 2016
Achevé d'imprimer par
1livre.com
du rêve à la réalité !

www.ingramcontent.com/pod-product-compliance
Lightning Source LLC
LaVergne TN
LVHW011022061026
849535LV00006B/2007